# La société contemporaine à travers le cinéma français

## Table des contenus

## Guide didactique pour les enseignants

Ce manuel portant sur ***la société contemporaine à travers le cinéma français*** s'adresse à des apprenants de la langue française ayant le niveau B1 du CECRL, intéressés par le cinéma et la société française. Les films choisis par les concepteurs mettent en scène un grand nombre de sujets touchant la société française, mais ces thèmes sont universels. Ils se rapportent aux relations humaines (générosité, solidarité, tolérance ...), à notre rapport au travail, à l'éducation, à la famille, à la mort, aux questions d'identité, aux préjugés et aux inégalités. Les activités proposées et les sujets abordés correspondent aux exigences des épreuves du DELF B2. Dans notre sélection cinématographique, nous avons généralement privilégié les comédies, car nous considérons que l'humour est un moyen motivant pour les réflexions sur les sujets de société.

Les contenus de cet ouvrage sont répartis en 14 leçons. Chacune d'elle est consacrée à un long métrage français ou francophone. Ces contenus ne présentent pas de progression linguistique, les enseignants et/ou les apprenants sont donc invités à choisir librement les films et les sujets sur lesquels ils souhaitent débattre. Nous estimons à 3h-4h le temps nécessaire pour traiter chacune des leçons, sans tenir compte du temps de visionnage du long-métrage. **Il est impératif que l'enseignant demande aux apprenants de regarder le film avant le début de chaque nouvelle leçon.** Ces films en version française sont facilement disponibles en streaming sur Internet.

Ce manuel se présente sous la forme d'un cahier de travail constitué d'une multitude d'activités ludiques à compléter, à cocher, à apparier, à ordonnancer, et de textes accompagnés de questions de compréhension. Cette démarche réclame, de la part des apprenants, une participation active à tous les moments du cours.

Chaque leçon s'articule autour de deux axes : **cinématographique** et **thématique**. **L'axe cinématographique** est traité à travers des activités s'articulant autour de la fiche technique du film, l'affiche, la bande-annonce, le synopsis, des critiques, des informations sur le réalisateur et les acteurs, etc. Cet axe recouvre généralement 4 pages. **L'axe thématique** est présenté à la fin de chaque leçon sous la forme d'une activité d'expression orale (« Echangez vos opinions »).

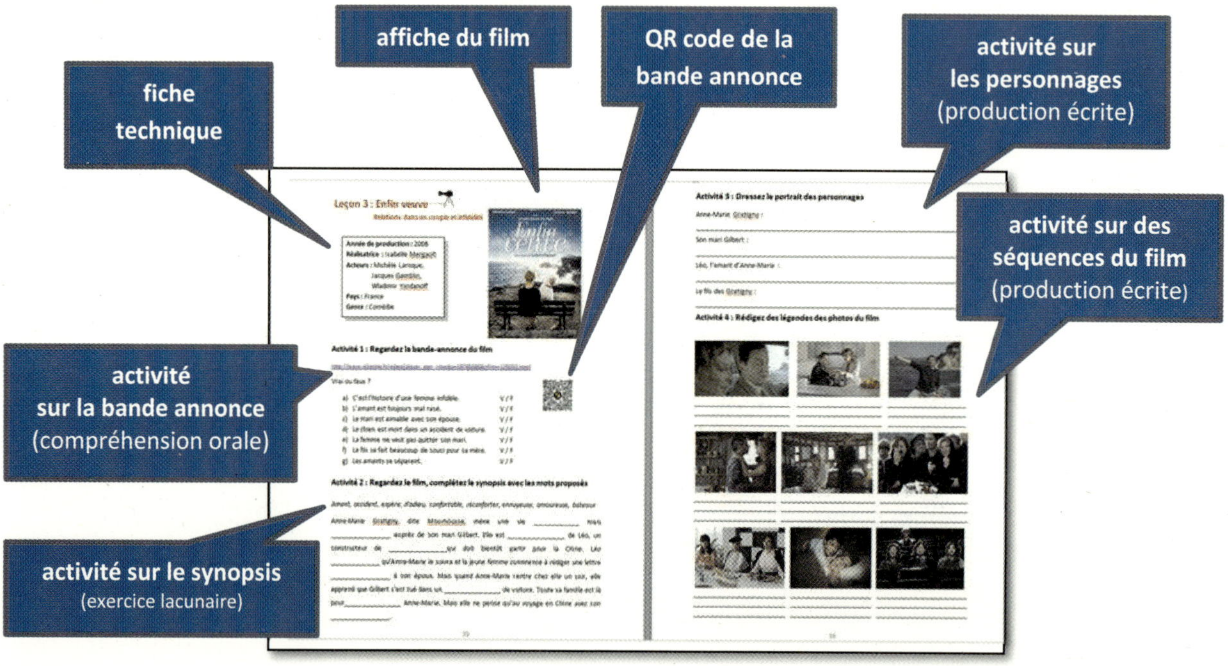

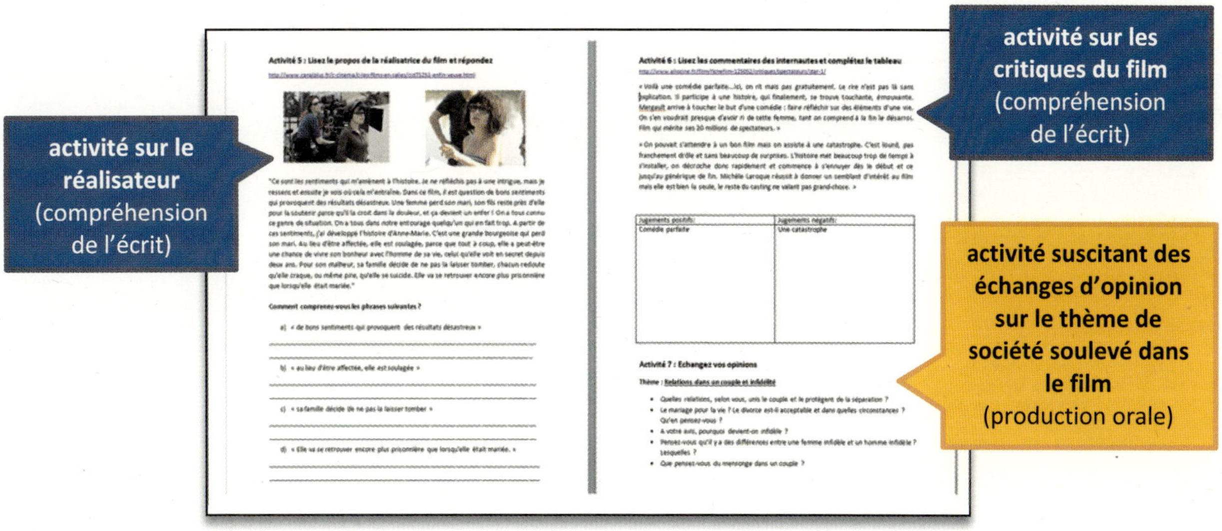


L'activité d'expression orale « Echangez vos opinions » pourrait être organisée par l'enseignants de diverses façons :

**Exemple 1 :** Organiser un remue-méninge ou, si les apprenants ont du mal à s'exprimer, leur distribuer des petits cartons vierges et leur demander de noter une idée sur chaque carton. Ensuite, classez les idées (pour/contre, positifs/négatifs, ...), puis échanger les opinions.

**Exemple 2 :** Demander aux apprenants de former plusieurs groupes de 3 - 5 personnes afin qu'ils échangent leurs opinions sur le sujet en petits groupes, puis choisir un rapporteur qui va résumer le résultat de cet échange. Noter au tableau les éléments importants, discuter ensuite en grand groupe.

Les deux dernières pages de chaque leçon (4 pages pour la leçon 2) contiennent des documents annexes, dont une page de textes sur **l'axe cinématographique** et une page sur **l'axe thématique**. Les textes sont référenciés et sont issus de sites internet divers.

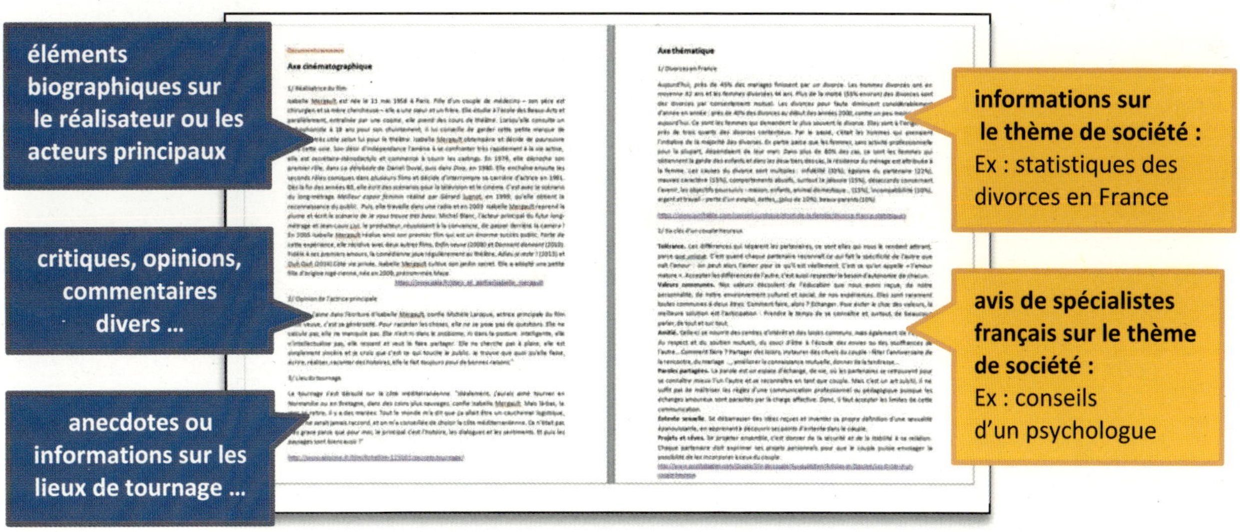


Ces documents annexes sont destinés aussi bien aux enseignants qu'aux étudiants plus curieux. Ils permettront d'approfondir leurs connaissances sur le tournage des films, les réalisateurs et les acteurs, et sur les sujets de société concernés. L'enseignant pourrait également proposer certains des textes de l'axe thématique aux apprenants en vue de préparer des échanges d'opinion.

A la fin de l'ouvrage, les concepteurs vous proposent les solutions des activités lacunaires et d'ordonnancement.

# Leçon 0

## Deux films publicitaires

### La publicité et la consommation

## Leçon 0 : Deux films publicitaires

### La publicité et la consommation

### Activité 1 : Style Super Structuré

https://www.youtube.com/watch?v=eo3o-bNdaTQ

**a/ Regardez le film <u>sans le son</u> et notez, avec de simples mots, ce que vous voyez**

______________________________________________

______________________________________________

______________________________________________

______________________________________________

**b/ Regardez le film <u>avec le son</u> et remettez le texte en ordre**

[ ] Ensuite, si vous avez toujours votre scalp, passez vos doigts dans vos cheveux et ratissez-moi tout ça.

[ ] Si vous avez encore vos bras, prenez un peu de gel AXE, échauffez-le entre vos mains viriles.

[ ] Parce que, être un héros, c'est cool, mais avoir le style, c'est mieux.

[ ] Alors pour garder les filles dans le feu de l'action, AXE recommande le Style Super Structuré.

[ ] Maintenant, tordez brutalement vos cheveux sur eux-mêmes, comme s'il s'agissait de la nuque de votre pire ennemi, c'est la même chose, ou presque…

[ ] Grenade ! Bien joué ! Chauffez, ratissez, tordez ! Tout se joue à la première impression.

[ ] Et voilà, vous avez le Style Super Structuré ! Votre allié le plus précieux dans votre situation de vie, …ou de mort !

[1] Sauver le monde, c'est dur ! Sans parler du foutoir dans lequel on se retrouve à chaque fois.

**b/ Faites les gestes appropriés :** CHAUFFEZ | RATISSEZ | TORDEZ

## Activité 2 : Le Style Mèches Au Vent

https://www.youtube.com/watch?v=pfvvl7vQV6c

**a/ Regardez le film sans le son et notez, avec de simples mots, ce que vous voyez**

______________________________________________

______________________________________________

______________________________________________

______________________________________________

**b/ Regardez le film avec le son et complétez le texte**

*recommander, finir, chauffer, demander (2x), avoir, prendre (2x), passer, rappeler, dormir, pouvoir, tenter, faire (2x), savoir, jouer*

Les filles sont folles des mecs qui ne ______________ pas d'effort..... du tout. Pas le moindre ! Ne me _________________ pas pourquoi, c'est dans leur nature. Si la coupe, qui semble dire : « J'en __________ vraiment rien à faire », vous ______________, AXE ________________ le Style Mèches Au Vent. D'abord, ____________ un peu de crème AXE Style Mèches Au Vent et ___________-la entre vos mains, si ce n'est pas trop vous _____________. Ce doux parfum vous _______________ ces après-midis à ____________, ou tous vos rendez-vous annulés. Ensuite, ___________ vos doigts dans vos cheveux de part et d'autre, _____________ garde, cela _____________ vous demander un très modeste effort. Enfin, pour qu'on en ___________________, balayez vos cheveux d'un côté, et voilà... une transformation sans effort. ......Vous _____________, c'est tout un art de ne rien ____________. Chauffez, appliquez, balayez ! Tout se __________ à la première impression.

## Activité 3 : Echangez vos opinions

**Thème : La publicité et la consommation**

- A votre avis, ces deux publicités sont-elles efficaces ? Oui/Non ? Pourquoi ?
- Quel est, selon vous, le rôle de la publicité ?
- Quel est le rapport entre la publicité et la consommation ?
- D'après vous, quelle est l'influence de la publicité sur les consommateurs coréens ?

Et sur vous ? Quels types de publicité vous incitent à acheter ?

# Leçon 1

## Le fabuleux destin d'Amélie Poulin

### La gentillesse et la générosité

## Leçon 1 : Le fabuleux destin d'Amélie Poulin

### La gentillesse et la générosité

**Date de sortie :** 25 avril 2001
**Réalisateur :** Jean-Pierre Jeunet
**Acteurs :** Audrey Tautou, Mathieu Kassovitz
**Genre :** comédie
**Pays :** film français

### Activité 1 : Regardez et écoutez la bande annonce du film

http://www.allocine.fr/video/player_gen_cmedia=18653636&cfilm=27063.html

**a/ Complétez le texte**

Savez-vous, quel est le _________ _____________ entre tous ces ________________ ?
C'est Amélie. Amélie Poulain. Et elle va changer ___________ ____.

**b/ Lisez et numérotez les photos des personnages du film**

1. Georgette - la buraliste hypocondriaque
2. Lucien - le commis d'épicerie humilié par son patron
3. Madeleine - la concierge portée sur l'alcool
4. Raymond Dufayel alias "l'homme de verre" - le voisin d'Amélie qui ne vit qu'à travers une reproduction d'un tableau de Renoir
5. Nino - un étrange "prince charmant" qui cherche à identifier un inconnu dont la photo réapparaît sans cesse dans plusieurs cabines de Photomaton.
6. Le papa d'Amélie enfermé dans sa solitude

## Activité 2 : Regardez l'extrait 1 (3'20 " → 4'06"), écoutez et complétez

Le père d'Amélie, ancien médecin ______________, travaille aux établissements thermaux d'Enghien les Bains.

Raphaël Poulain n'aime pas :

- ________________à côté de quelqu'un,
- _______________ sur ses sandales un regard de dédain[1],
- _______________ de l'eau et ____________ coller

son maillot de bains.

Raphaël Poulain aime :

- _______________ de grands morceaux de papier peint,
- _______________ toutes ses chaussures et les ____________ avec soin,
- ________________ sa boite à outils, bien la __________ et tout ____________ enfin.

(1) dédain = mépris (mépriser = condamner moralement)

## Activité 3 : Regardez la suite (4'07 " → 4'45"), écoutez et complétez

Amandine Foué, la mère d'Amélie, a toujours été d'une nature _________ et _________.

Amandine Poulain n'aime pas :

- avoir les mains plissées par l'eau __________ du bain,
- être par quelqu'un, qu'elle n'aime pas, ____________ de la main,
- avoir les plis des draps _____________ sur la joue le matin.

Amandine Poulain aime :

- les costumes des patineurs _____________ sur TF1,
- faire ___________ le parquet avec des patins,
- ___________ son sac à main, bien le _____________ et tout _______________ enfin.

## Activité 4 : Regardez l'extrait 2 (12'17 " → 12'40"), écoutez, lisez

En revanche, elle (Amélie) cultive un goût particulier pour les tous petits plaisirs :

- plonger sa main au plus profond d'un sac de grains,
- briser la croute des crèmes brûlées avec la pointe de la petite cuillère,
- faire des ricochets sur le canal Saint Martin.

## Activité 5 : A vous ! Ecrivez ce que vous aimez

Moi, je cultive un goût particulier pour les tous petits plaisirs :

______________________________________________________________

______________________________________________________________

## Activité 6 : Lisez le résumé d'un épisode du film, répondez aux questions

Amélie découvre derrière une plinthe descellée de sa salle de bain une vieille boîte métallique de bonbons. Elle est remplie de souvenirs cachés par un garçon qui vivait dans l'appartement 40 ans avant Amélie. Elle se met à la recherche de cette personne, maintenant adulte, afin de lui rendre la boîte.
Après un minutieux travail de détective, elle met enfin la main sur l'identité de l'ancien occupant des lieux. Elle place la boîte dans une cabine téléphonique, puis fait sonner le téléphone pour attirer cet homme lorsqu'il passe à proximité. Quand il ouvre la boîte, il a une révélation : Tous ses souvenirs d'enfance oubliés lui reviennent soudain à la mémoire....

1. Qu'est-ce qu'Amélie trouve dans la salle de bain de son appartement ?

______________________________________________________________

2. Quelle décision prend Amélie après cette découverte ?

______________________________________________________________

3. Comment Amélie rend la boîte à son propriétaire ?

______________________________________________________________

4. Que se passe-t-il quand l'homme ouvre la boîte ?

______________________________________________________________

5. Amélie a réussi. A partir de ce moment, sa vie change, elle va aider les personnes autour d'elle. Que fait-elle ? Donnez des exemples ...

______________________________________________________________

______________________________________________________________

______________________________________________________________

______________________________________________________________

## Activité 7 : Lisez les descriptions de Collignon et de Lucien, puis décrivez Nino

Collignon l'épicier :

> Raciste. Bête. Vieux garçon pantouflard pas aimé. Humiliant les plus faibles, il ne supporte pas la contestation. Il persécute les timides et ses habitudes étouffent le moindre sentiment qu'il pourrait avoir. C'est un minable et lâche qui mérite une bonne leçon.

Lucien :

> Il aime les légumes qu'il vend chez l'épicier Collignon, juste en bas de chez Amélie. Il a une tendresse, une affection pour chacun d'entre eux. Il les bichonne, il les berce. Il aime le travail bien fait. Il livre les légumes aux clients des immeubles alentour.

Nino :

## Activité 8 : Ecrivez un commentaire pour ces photos du film

## Activité 9 : Echangez vos opinions

**Thème : La gentillesse et la générosité**

- Les gentils sont vulnérables. Etes-vous d'accord ? Expliquez.
- A votre avis, la générosité a-t-elle des limites ?
- Présentez une personne gentille et généreuse de votre entourage.

**Documents annexes**

# Axe cinématographique

## 1/ Le succès du film

Pour son ton, son esthétique ou encore son originalité, *Le Fabuleux destin d'Amélie Poulain* est un film qui a marqué le public français. Parmi les plus gros succès des années 2000, il avait, à sa sortie en salles, attiré un total de 8,5 millions de spectateurs. Grâce à de nombreuses diffusions télévisées, les nouvelles générations ont ensuite pu le découvrir et l'apprécier, renforçant son rang de film culte. Mais c'est aussi l'un des plus gros succès français au box-office étranger. Au total, 23,1 millions de tickets vendus en dehors de nos frontières dont 5 931 000 aux Etats-Unis. Le film a obtenu plusieurs prix : César du meilleur film, César du meilleur réalisateur, César de la meilleure musique originale, César des meilleurs décors, British Academy Film Award du meilleur scénario original et d'autres.

http://www.allocine.fr/article/fichearticle_gen_carticle=18640363.html

## 2/ Une critique du film

L'histoire d'Amélie Poulain aurait pu être bien triste : petite fille étouffée par ses parents (persuadés qu'elle souffrait d'une maladie cardiaque), entourée de gens qui détestent plus de choses qu'ils n'en aiment... Un mal pour un bien, finalement, car elle a développé un imaginaire poétique et fantasque à nul autre pareil. Amélie est devenue une jolie jeune femme douce et introvertie et lorsqu'elle découvre dans sa salle de bains une petite boîte à trésors ayant sans doute appartenu à un ancien locataire de son appartement, elle prend la décision de tout faire pour en retrouver le propriétaire. De cet épisode plein d'innocence découle une multitude de rencontres.

Jean-Pierre Jeunet signe ici un joli film. Joli, par ce décor du Paris que l'on aime, avec son romantisme et ses petits cafés, ses manèges et sa vie de quartier, loin des embouteillages et des incivilités. Joli, parce qu'il donne envie de s'intéresser aux autres et montre qu'à travers de petits gestes, il est possible de faire le bien autour de soi sans autre contrepartie que le plaisir de faire plaisir. Joli, parce qu'Audrey Tautou est fraîche et pétillante, avec une voix à la douceur toute enfantine. Joli, parce qu'il témoigne de la compassion à bon nombre de grincheux que l'on aurait vite fait d'ignorer « dans la vraie vie ».

https://www.serial-lectrice.com/fabuleux-destin-amelie-poulain-jeunet/

## 3/ L'actrice principale

Audrey Tautou est née le 9 août 1976 à Beaumont en Auvergne. Elle fait ses débuts d'actrice à 18 ans à la télévision et ses débuts au cinéma l'année suivante dans *Vénus Beauté*, acclamé par la critique. Elle apparaît ensuite dans *Le Libertin* et *Le Battement d'ailes du papillon*. Audrey Tautou atteint la reconnaissance mondiale pour son rôle dans *Le Fabuleux Destin d'Amélie Poulain.* Ensuite, elle tourne notamment dans le thriller *Da Vinci Code* (2006), la comédie romantique *Hors de Prix* (2006), le drame *Un long dimanche de fiançailles* (2004) et le drame biographique *Coco avant Chanel* (2009). Audrey Tautou a été modèle pour des maisons telles que Chanel, Montblanc et L'Oréal.

La filmographie récente : 2016 - *Éternité, L'Odyssée, Ouvert la nuit, Nawel ;* 2017 - *Santa et Cie ;* 2018 - *En liberté !, Going Places*

https://fr.wikipedia.org/wiki/Audrey_Tautou

4) Le Paris d'Amélie Poulain

La rue Lepic dans le 18$^{e}$ arrondissement

Dans le film, Amélie Poulain passe tous les jours par cette rue. Elle travaille au Café des Deux Moulins, en tant que serveuse tout au long du film. Elle y trouve également des primeurs et autres commerces. Un jour, elle aide un passant aveugle à traverser et lui décrit la rue, les passants, la boucherie chevaline et de nombreux autres détails. Les années ont passé depuis le tournage et quelques modifications ont été apportées dans la rue. Cependant, vous pouvez toujours y retrouver les primeurs, la boucherie et le Café des 2 Moulins avec les traces du tournage, bien que le coin tabac de Georgette ait disparu. Vous pourrez y déguster une crème brûlée en cassant le dessus à l'aide de votre cuillère, comme Amélie dans le film.

Le Canal St Martin dans le 10$^{e}$ et le 11$^{e}$ arrondissement

Amélie aime y faire des ricochets. Ce canal de 4,55km de long relie le bassin de la Villette au Port de l'Arsenal. Inauguré en 1825, il était destiné à l'adduction d'eau potable dans Paris. Il est inscrit Monument Historique depuis 1993 et fait le bonheur des parisiens dès l'arrivée des beaux jours. Vous pouvez aller y boire un verre ou bien faire des ricochets comme Amélie Poulain. Nettoyé entièrement en avril 2016, il est beau comme un sou neuf et devrait être ouvert à la baignade lors des prochains étés.

L'épicerie Maison Collignon dans le 18e arrondissement

A 5 mètres de l'appartement d'Amélie se trouve cette épicerie. Elle y passe pour discuter et pour écouter les ragots du quartier. Le jeune employé, Lucien est un peu limité et son patron se moque de lui, mais Amélie se prend d'affection pour Lucien, et elle déteste le patron. L'épicerie est toujours à l'angle de la rue et s'appelait en réalité « Chez Ali » avant de reprendre le nom de « Maison Collignon » qu'on lui prête dans le film. On y vend des fruits, des légumes, autres aliments et quelques souvenirs du passage d'Amélie Poulain. Elle est remplie d'articles de presse qui évoquent le succès du film, avis aux nostalgiques. Quant à l'appartement d'Amélie Poulain, il est, semble-t-il, dans l'immeuble derrière la porte bleue.

La Foire du Trône dans le 12e arrondissement

Amélie est tombée amoureuse de Nino Quincampoix, un garçon plutôt simple mais intelligent. Ce qu'il aime collectionner, en ce moment, ce sont les photos d'inconnus qu'il retrouve sous les photomatons. Amélie retrouve l'album dans lequel il les garde toutes et se rend à la Foire du Trône, où il travaille, pour faire un tour de manège et lui donner un rendez-vous. La Foire du Trône est la plus grande fête foraine itinérante d'Europe. Elle a lieu dans le Bois de Vincennes chaque année entre avril et mai. Depuis son arrivée à Vincennes, elle ne cesse de s'agrandir et propose maintenant plus de 55 attractions. A l'origine appelée « Foire aux pains d'épices », elle permettait à l'abbaye Saint-Antoine (aujourd'hui Hôpital Saint-Antoine) de vendre des pains d'épices lors de la semaine sainte dès 957. Le concept s'est ensuite vulgarisé, popularisé et commercialisé pour devenir la « Foire du Trône ».

Montmartre et le Sacré Cœur dans le 18e arrondissement

Amélie a donné rendez-vous à Nino à côté d'une cabine téléphonique, en bas de la butte Montmartre. Il commence alors un jeu de piste, où il doit monter les marches jusqu'au Sacré Cœur. Le quartier de Montmartre est l'un des plus historiques de Paris. Si vous souhaitez retrouver l'authentique Paris d'autrefois, c'est le quartier à ne pas manquer. Si vous êtes sportifs, vous pouvez monter les 222 marches pour rejoindre le Sacré-Cœur et le village de Montmartre. En vous y promenant vous retrouverez la plupart des lieux précédemment cités avec, en bonus, depuis le Sacré-Cœur, une vue sur toute la capitale.

La gare de l'Est dans le 10e arrondissement

Amélie Poulain s'y rend pour se prendre en photo dans un photomaton où Nino va récupérer des photos tombées en dessous. La salle la plus vue est celle des Pas perdus (où se trouve d'ailleurs le photomaton). La Gare de Paris-Est a ouvert en 1849, trois ans après la Gare du Nord et dessert, comme son nom l'indique, l'Est de la France (Strasbourg, Mulhouse, Metz...) et l'Allemagne. C'est un point stratégique de la capitale qui permet de rejoindre la banlieue et de nombreux sites parisiens grâce au réseau de transports très complet. Vous trouverez toujours des photomatons pour vous prendre en photo comme Amélie Poulain. Par contre, ce n'est pas sûr que quelqu'un vienne les ramasser derrière vous pour en faire la collection...

https://www.france-hotel-guide.com/fr/blog/carte-des-endroits-ou-a-ete-filme-le-fabuleux-destin-damelie-poulain/

## Axe thématique

**Gentil** = qui se montre bienveillant, clément, indulgent, aimable, complaisant, plein de bons sentiments à l'égard d'autrui (Larousse)
**Généreux** = qui est doué de sentiments nobles, d'indulgence, de magnanimité, qui est prêt à faire le bien ; dévoué, désintéressé, noble (Larousse)

1/ La journée internationale de la gentillesse

En 2000 naît à Singapour l'organisation internationale anglo-saxonne « Mouvement mondial pour la gentillesse » (World Kindness Day en anglais). Elle initie « La journée internationale de la gentillesse », le 3 novembre, dédiée au thème de développement personnel des qualités morales et humaines de gentillesse et bienveillance universelle. En France, elle est introduite en 2009. Cette journée englobe un vaste thème de relations humaines qui regroupe des notions de bien, de savoir vivre, de valeurs morales, d'éthique, d'amour, de tendresse, de bonté, de politesse, d'intelligence, d'altruisme, de solidarité, d'humanité et d'empathie en milieu social, culturel, familial, scolaire et professionnel.

https://fr.wikipedia.org/wiki/Journ%C3%A9e_internationale_de_la_gentilless

2/ Comment devenir une meilleure personne ?

Dans notre société moderne, la gentillesse est un mot qui véhicule de nombreuses images dont certaines ne sont pas toujours très positives. On a, en effet, coutume d'associer la gentillesse à une faiblesse, à une certaine forme de naïveté, de candeur, voire d'ingénuité. Dans l'imaginaire collectif, quelqu'un de trop gentil se fera forcément avoir et sera à la merci des désirs d'autrui qu'il va satisfaire sans résister. Mais en psychologie, la gentillesse est un concept beaucoup plus profond et complexe qui est associé à l'empathie, à l'altruisme ou encore à la générosité. Une personne gentille possède des qualités relationnelles souvent plus développées que la moyenne, lui permettant de s'adapter à l'autre et de le comprendre. Aujourd'hui, la notion de gentillesse est en cours de réhabilitation. "C'est un faux gentil", "elle cache bien son jeu", "il n'est pas franc"... Toutes ces expressions, souvent entendues et prononcées, constituent la mise en doute de la gentillesse d'un individu. En effet, certaines personnes vont avoir tendance à forcer le trait afin d'obtenir ce qu'elles désirent. Mais si certains se montrent faussement gentils, d'autres, en revanche, possèdent de réelles et profondes qualités humaines. Alors, comment reconnaitre un vrai gentil ? On dira qu'il a "le cœur sur la main". Et il est assez facilement reconnaissable car il a, en général, une attitude juste, équilibrée et pondérée. Le vrai gentil est à l'écoute des autres mais sans pour autant renier ou faire passer au second plan leurs propres besoins. Ils ne s'effacent pas mais démontrent au contraire une certaine forme d'authenticité, de confiance en eux ainsi qu'un profond attachement à la notion d'égalité.
Plusieurs études le prouvent : la bonté a des effets positifs sur la production par notre cerveau de sérotonine, un neurotransmetteur qui équilibre les émotions et dont la carence entraîne anxiété, angoisse, dépression... La gentillesse est aussi un moyen efficace de lutter contre le stress. Se montrer aimable, bienveillant, généreux envers autrui procure un certain plaisir. Or le plaisir entraîne une diminution de sécrétion du cortisol, une des hormones du stress.

http://www.marieclaire.fr/etre-gentil-definition-gentillesse,1138291.asp

# Leçon 2

## Qu’est-ce qu’on a fait au bon dieu ?

### Le mariage mixte et la tolérance

# Leçon 2 : Qu'est-ce qu'on a fait au bon dieu ?

### Le mariage mixte et la tolérance

**Date de sortie :** 16 avril 2014 (1h 37min)
**Réalisateur :** Philippe de Chauveron
**Acteurs :** Christian Clavier, Chantal Lauby, Ary Abittan, Medi Sadoun, Frédéric Chau, Noom Diawara, Frédérique Bel, Julia Piaton, Emilie Caen, Elodie Fontan
**Genre :** comédie
**Pays :** film français

## Activité 1 : Regardez la bande d'annonce du film et lisez le synopsis. Puis répondez aux questions

http://www.allocine.fr/video/player_gen_cmedia=19542577&cfilm=222259.html

Claude et Marie Verneuil, issus de la grande bourgeoisie catholique provinciale, sont des parents plutôt "vieille France". Mais ils se sont toujours obligés à faire preuve d'ouverture d'esprit... Les pilules furent cependant bien difficiles à avaler quand leur première fille épousa un musulman, leur seconde un juif et leur troisième un chinois. Leurs espoirs de voir enfin l'une d'elles se marier à l'église se cristallisent donc sur la cadette, qui, alléluia, vient de rencontrer un bon catholique.

http://www.allocine.fr/film/fichefilm_gen_cfilm=222259.html

### a/ La famille de Claude et Marie Verneuil :

1. Combien de filles à marier il y a dans la famille Verneuil ? ______________
2. Les parents sont-ils contents du choix de leurs filles ? oui / non
   Justifiez : ______________________________
3. Quelles sont les origines de leurs gendres ? ______________________________
4. La quatrième fille va épouser un catholique. Quel est le problème ? ______________

### b/ Ecrivez de courtes légendes pour ces photos

______________ ______________ ______________

## Activité 2 : Le mariage. Regardez l'extrait 1 (début→1'08''), écoutez et complétez la transcription

*— Monsieur Rachid Abdul Mohamed Benassen, ________________________________ ______________________________ Mademoiselle Isabelle Suzanne Marie Verneuil, __________________ ?*

*— Oui.*

*—Mademoiselle Isabelle Suzanne Marie Verneuil, ______________________________ ______________________ Monsieur Rachid Abdul Mohamed Benassen, _____________ ?*

*— Oui.*

*— Au nom de ____________, je vous ____________________ par ____________.*

## Activité 3 : La circoncision. Regardez l'extrait 2 (2'25''→6'05''), puis lisez le texte et répondez aux questions

La **circoncision** (latin : *circumcisio*, « couper autour ») désigne, dans sa forme la plus répandue, l'ablation totale ou partielle du prépuce, laissant ainsi le gland du pénis en permanence à découvert. Selon l'Organisation mondiale de la santé, en 2009, 661 millions d'hommes de plus de 15 ans seraient circoncis, soit environ 30 % de la population masculine mondiale. La circoncision rituelle a été pratiquée pour des motifs culturels et religieux depuis l'Antiquité. Elle semble avoir pour lieu d'origine l'Égypte, où elle est attestée par les bas-reliefs et les textes dès le IIIe millénaire avant Jésus Christ. Dans le judaïsme, ce rituel est appelé *brit milah*. Bien que n'étant pas mentionnée dans le Coran, la circoncision est pratiquée dans l'ensemble du monde musulman, où on la considère comme une tradition de tous les prophètes. Ce rite est également en usage chez les protestants et certaines communautés chrétiennes (notamment orientales).

https://fr.wikipedia.org/wiki/Circoncision

1. Quelle est la part de la population masculine mondiale circoncise ? ________________
2. Qui étaient les premiers à pratiquer la circoncision ? Quand ?

_______________________________________________

3. Qu'est-ce qu'on fait du prépuce du nouveau-né selon la tradition juive ?

_______________________________________________

**Activité 4 : Comment naissent les conflits. Regardez l'extrait 3 (6'05"→ 10'40") et notez les objets des désaccords**

Voici le vocabulaire des conflits : une dispute, un désaccord, un différend, une tension, une mésentente, une discorde, une brouille, un échange d'opinions

1.
Rachid : *Je ne mange pas de porc, mais je ne suis pas un intégriste. Regardez ! Je bois même du vin.*
David : *Moi, c'est pareil, juste le cochon, on n'y peut rien, ce sont des traditions millénaires.*

**Objet du désaccord :**

---

2.
Marie : *Il n'a pas l'air traumatisé ... (Elle parle du bébé)*
David : *Evidemment, Marie, il n'a quasiment rien senti !*
Claude : *Il n'a rien senti, mais on lui a quand même coupé le prépuce... Pardonnez-moi, David, mais je trouve ça limite barbare !*
David : *Je vous assure, Claude, à huit jours, le système nerveux de l'enfant n'est pas encore entièrement bien formé. C'est pour ça qu'on le fait à cet âge-là chez les juifs. Ce n'est pas comme chez les musulmans, ils le font à six ans !*

**Objet du désaccord :**

---

3.
David : *Nous, au moins, on communique. Ce n'est pas comme vous, les Chinois. On ne sait jamais, ce que vous pensez.*
Chau : *Tu veux dire quoi par-là ? Que le Chinois est faux ?*
David : *Pas du tout ! Je dis juste que le Chinois ne fait aucun effort pour aller vers les autres. Je n'ai pas raison ?*
*Rachid : Moi, je suis d'accord avec David. Jamais un sourire, ni un bonjour. Depuis qu'ils ont repris tous les bars-tabacs, je suis à deux doigts d'arrêter de fumer.*
David : *Au moins, les épiciers arabes ont le sens du commerce !*
Chau : *Oui ? Alors Comment vous expliquez que les Chinois ont repris le Sentier[1] aux Juifs et Belleville[2] aux Arabes, s'ils n'ont pas le sens du commerce ?*
Claude : *C'est vrai, David ? Vous avez déposé le bilan[3] à cause des Chinois ?*

**Objet du désaccord :**

---

4.

Marie : *Hier soir, nous avons diné à Montmartre, dans un petit bistro très folklorique.*

Claude : *...sauf qu'au retour, on s'est perdus et on s'est retrouvés à Barbès, ça aussi, c'était folklorique.*

Rachid : *Vous voulez dire quoi par « folklorique » ?*

Marie : *N'y voyez aucun mal, Rachid, pour des gens comme nous qui habitons une petite ville de province, Barbès est un choc.*

Laure : *Ah, là, tu dérapes vraiment !*

Claude : *Heureusement que j'ai eu mon passeport sur moi, d'un coup, j'étais à Bab El Oued*[4] *! Mais c'est vrai ! Il n'y avait pas un seul Français sur le trottoir, c'est un constat !*

David : *Comment vous savez qu'ils n'étaient pas français, vous leur avez demandé leurs papiers ?*

Claude : *Mais c'est quoi, ce ton, Rachid ? On peut débattre sans s'énerver, non ?*

**Objet du désaccord :**

___

*(1) Le quartier du Sentier de Paris* est un important quartier traditionnel de confection textile multiethnique du 2e arrondissement de Paris.

(2) Depuis longtemps, *le quartier Belleville* est un espace d'accueil pour les migrants. Dans les années 1980, une importante communauté asiatique s'y est implantée, on y trouve de nombreux restaurants et des associations, ainsi que des magasins de produits chinois. Ces dernières décennies, des communautés des Antilles, de l'Afrique subsaharienne et de Chine se sont installées dans ce quartier, particulièrement dans le Bas Belleville. Le vivre-ensemble des communautés dans ce quartier multiethnique est généralement harmonieux, mais ces dernières années, des conflits entre les Chinois d'un côté et les Africains et Maghrébins de l'autre ont fait sensation.

*(3) Déposer le bilan* = faire la faillite

*(4) Bab El Oued* = quartier populaire d'Alger

LICRA = Ligue Internationale Contre le Racisme et l'Antisémitisme depuis 1927

Quartier Bab El Oued à Alger

Quartier Belleville à Paris

**Activité 5 : Regardez l'extrait 4** (28'25" → 30'09"), **complétez la transcription et notez les stratégies employées par les membres de la famille pour régler les conflits**

1.
Claude : *Je voudrais profiter de votre présence dans cette maison, où nos filles ont grandi, pour ___________________. Je suis sincèrement _____________ que mes propos aient pu choquer la dernière fois. Mais c'était dit ___________________ .*
David : *Il n'y a pas de _________________, c'est _________ tout ça.*

**Stratégie :**

_______________________________________________________________________________

2.
Claude : *Vous m'ôtez une épine du __________. Parce que moi, en tant que Gaulliste, j'étais très attristé qu'on puisse ________________ pour quelqu'un __________________.*
Rachid : *Vous dépassez ma ___________, Claude. En plus on a ____________ un petit côté ________________ dans le fond.*
Claude : *En tout cas, je veux que vous sachiez que nous n'____________________ les Juifs, les Arabes ou les Chinois.*
Marie : *Vous ____________________ comme ___________.*

**Stratégie :**

_______________________________________________________________________________

3.
Claude : *Enfin, pour être tout à fait ______________, au départ, vous n'étiez pas les gendres idéaux. ….Vous ne le prenez pas ___________ , j'espère !*
Rachid : *J'imagine la tête de ____________ , si toutes _____________ étaient mariées à des auvergnats !*

**Stratégie :**

_______________________________________________________________________________

4.
Marie : *Le plus important, c'est ____________________________________ . Si elles sont heureuses avec vous, nous le serons aussi. Bref, vous êtes tous les trois les _____________ dans la famille Verneuil.*
Claude : *Je propose que nous portions un toast à la famille !*

**Stratégie :**

_______________________________________________________________________________

## Activité 6 : Histoire du mariage de Laure et Charles. Ecrivez un commentaire pour chaque image

______________________________________________
______________________________________________
______________________________________________
______________________________________________
______________________________________________

______________________________________________
______________________________________________
______________________________________________
______________________________________________
______________________________________________
______________________________________________

______________________________________________
______________________________________________
______________________________________________
______________________________________________
______________________________________________
______________________________________________

______________________________________________
______________________________________________
______________________________________________
______________________________________________
______________________________________________
______________________________________________

## Activité 7 : Echangez vos opinions

**Thème : Le mariage mixte et la tolérance**

- En France, actuellement, environ 15% des mariages sont mixtes. Quelle est la situation dans votre pays ?
- A votre avis, pour quelles raisons des gens de votre pays se marient avec des étrangers ?
- Quelles difficultés peuvent-ils rencontrer dans leur vie quotidienne ? Qu'est-ce que la vie commune peut leur apporter ?

## Documents annexes

# Axe cinématographique

1/ Quelques secrets du tournage

- C'est en découvrant, "statistiques à l'appui", que les Français étaient les champions du mariage mixte que De Chauveron, le réalisateur, a eu l'idée du film. Différentes études montrent qu'environ 15 % des unions, qui ont lieu dans notre pays, se font entre des individus d'origines et de confessions différentes. Venant lui-même d'une famille bourgeoise catholique, il s'est amusé à imaginer ce que donnerait la mixité dans un milieu aussi conservateur.
- C'est la propre mère du réalisateur, professeur de catéchisme, qui a servi de base au personnage joué par Chantal Lauby, "très vieille France et très croyante". C'est par amour de l'humour de Lauby que De Chauveron a immédiatement fait appel à elle pour ce rôle. De même, c'est en tant que fan des incarnations de personnages détestables qu'il a choisi Christian Clavier pour jouer le père Verneuil.
- Pour la plupart des scènes du film mettant tous les acteurs en jeu, seule une mise en place technique a été faite avant de passer au tournage réel. Selon l'acteur Medi Sadoun, il n'y avait pas de répétitions pour les comédiens qui ont alors tenté de jouer sur le naturel de leur texte, sans essayer d'incarner un personnage caricatural. Celui-ci se demandait justement avant le tournage comment parlait un avocat, s'il avait ou non un ton condescendant, mais il décida de le jouer comme si lui-même était maître au barreau. Beaucoup de prises furent ainsi gardées dès le premier essai.

http://www.allocine.fr/film/fichefilm-222259/secrets-tournage

2/ Les lieux du tournage

L'histoire du film « *Qu'est-ce qu'on a fait au bon dieu* », se déroule à Chinon. Mais seules deux petites scènes ont été tournées dans cette commune de l'Indre-et-Loire. Le film a principalement été tourné à Paris, Montreuil, Rueil-Malmaison et en Normandie.

De nombreuses agences sont spécialisées dans le repérage et la location de décors. L'agence « 20 000 lieux » dispose par exemple d'un catalogue de 2 500 sites, de l'ancienne ferme en Normandie à la chapelle du XVII$^{ème}$ siècle en passant par un riad de luxe à Marrakech. L'agence gère 1 000 projets par an de tournages, séances photos et évènements professionnels. La demeure sur la photo, grande de 400 mètres carrés en région parisienne, où se sont notamment tournés des scènes du film *Qu'est-ce qu'on a fait au bon dieu*, se loue par exemple entre 1 500 et 3 000 euros la journée.

http://www.journaldunet.com/economie/communication/location-lieux-de-tournage/belle-demeure.shtml

## Axe thématique

1 / Qu'est-ce la tolérance et l'intolérance

Au sens moral, la tolérance, du latin *tolerare* (supporter), est la vertu qui porte à respecter ce que l'on n'accepterait pas spontanément, par exemple lorsque cela va à l'encontre de ses propres convictions. Donc, toute liberté ou tout droit implique nécessairement un devoir de tolérance. On a souvent tendance à assimiler la tolérance à des notions qui se révèlent fondamentalement différentes, bien que proches sur certains points : indifférence, soumission, indulgence, permissivité ou acceptation. L'intolérance est, à l'inverse, lorsqu'un individu n'arrive pas à respecter certaines différences. L'homogénéité, dans une société, nous rassure sur notre propre existence. L'hétérogénéité remet en cause notre statut, notre état ainsi que ce qui nous définit au sein de cette société. L'intolérance est apportée par cette menace.

https://fr.wikipedia.org/wiki/Tol%C3%A9rance

2/ Couple mixte : comment le vivre au quotidien

Choisir un partenaire d'une autre origine n'est pas toujours facile à vivre au quotidien. Elevés avec des règles, une éducation, des valeurs différentes, tout semble au départ les opposer. Si la société semble bienveillante à l'égard des couples mixtes, la famille et les amis semblent en revanche réserver un accueil plus mitigé à ces unions. Voici quelques témoignages de couples mixtes qui se sont engagés pour le meilleur et pour le pire.

**Lucie et Louis :** *« Je suis togolaise et Louis est breton. Le plus dur a été l'accueil de ma mère. Elle s'imaginait que j'allais me marier dans ma rue. Au début, elle a été froide avec Louis, mais aujourd'hui il est devenu son second fils, comme quoi les choses peuvent s'arranger. »*

**Fabien et Laurence :** *« Fabien est juif pratiquant et je suis profondément catholique. Nous avons eu un coup de foudre l'un pour l'autre. Ça a été très compliqué à l'arrivée de notre fils. Fabien voulait le faire circoncire et moi je voulais le faire baptiser. On s'est beaucoup disputés à ce sujet et finalement on a décidé de laisser notre fils choisir. On lui parlera chacun de notre religion et quand il sera grand, il fera son choix s'il le souhaite ».*

**Justine et Rachid** : *« Je suis française et Rachid est marocain. Nous nous sommes mariés il y a 10 ans. Nous avons eu deux filles. Moi, je voulais m'arrêter là mais il a insisté absolument pour qu'on fasse un 3ème enfant pour avoir un garçon, son héritier comme il dit. Il parait que c'est culturel. Je suis donc tombée enceinte et je viens d'apprendre que c'est une fille ! »*

**Claire et Bao :** *« Je suis ivoirienne et mon compagnon, Bao est asiatique. C'est fou comme nous sommes différents. Moi je suis très excentrique, tournée vers les autres, c'est mon côté africain, alors que lui est très discret. Nous apprenons beaucoup mutuellement. Et même si nous sommes différents, nous partageons plein de choses.»*

**Magda et Luiz** : *« Je suis polonaise et mon mari Luiz est espagnol, nous nous sommes rencontrés lors d'un échange Erasmus. Nous sommes mariés depuis 12 ans. Le plus dur à gérer pour moi : les repas dans sa famille qui durent des heures, les adieux interminables. Dans ma famille, on ne manifeste pas notre affection de cette manière, on est plutôt introvertis. »*

**Marie et Emilien :** *« Je viens de Strasbourg et Emilien est camerounais. Je suis blanche, petite, rousse, mince, juive. Lui est black, immense, calme, et catholique. J'ai rencontré sa famille le mois dernier. Ils ont été adorables avec moi. Sa mère m'a juste trouvé un peu blanche à son goût. Rire ensemble de nos différences a été le meilleur moyen de se mettre tous à l'aise. »*

http://www.plurielles.fr/amours/couples/couple-mixte-comment-le-vivre-au-quotidien-6609838-402.html

# Leçon 3

## Enfin veuve

### Les relations dans le couple et l'infidélité

# Leçon 3 : Enfin veuve

### Les relations dans le couple et l'infidélité

**Date de sortie :** novembre 2007
**Réalisatrice :** Isabelle Mergault
**Acteurs :** Michèle Laroque,
Jacques Gamblin,
Wladimir Yordanoff
**Genre :** comédie
**Pays :** film français

## Activité 1 : Regardez la bande-annonce du film

http://www.allocine.fr/video/player_gen_cmedia=18785085&cfilm=125052.html

Vrai ou faux ?

a) C'est l'histoire d'une femme infidèle. V / F
b) L'amant est toujours mal rasé. V / F
c) Le mari est aimable avec son épouse. V / F
d) Le chien est mort dans un accident de voiture. V / F
e) La femme ne veut pas quitter son mari. V / F
f) Le fils se fait beaucoup de souci pour sa mère. V / F
g) Les amants se séparent. V / F

## Activité 2 : Remettez les parties du synopsis en ordre

☐ Elle est amoureuse de Léo, un constructeur de bateaux qui doit bientôt partir pour la Chine.

☐ Mais quand Anne-Marie rentre chez elle un soir, elle apprend que Gilbert s'est tué dans un accident de voiture.

☐ Léo espère qu'Anne-Marie le suivra et la jeune femme commence à rédiger une lettre d'adieu à son époux.

☐ Toute sa famille est là pour réconforter Anne-Marie. Mais elle ne pense qu'au voyage en Chine avec son amant...

☐ Anne-Marie Gratigny, dite Moumousse, mène une vie confortable mais ennuyeuse auprès de son mari

## Activité 3 : Caractérisez les personnages

Xavier : ______________________________________________

______________________________________________

Martine : ______________________________________________

______________________________________________

La mère de Xavier :______________________________________

______________________________________________

Anne-Sophie : ______________________________________________

Wendy : ______________________________________________

Isabelle :______________________________________________

## Activité 4 : Répondez aux questions

a) Pour partir étudier à l'étranger, il faut beaucoup de documents. V / F

b) A l'aéroport de Barcelone, Xavier fait connaissance avec :

______________________________________________

c) Anne Sophie parle bien espagnol. V / F

d) Pour Xavier, trouver un logement à Barcelone n'a pas été facile. V / F

e) Quelles langues parle-t-on à Barcelone ? ______________________

f) Un aspect de la colocation est le manque d'intimité. V / F

g) Le propriétaire de l'appartement n'est pas content. Pourquoi ?

______________________________________________

h) Quelle est la particularité d'Isabelle, étudiante belge ? ______________________

i) Qui fait le ménage le plus souvent dans l'appartement ? ______________________

j) L'ex-copine de Lars, étudiant danois, vient le voir. Pourquoi ?

______________________________________________

k) A son retour, Xavier rompt la relation avec Martine. V / F

l) Jean-Charles Perrin a tenu sa promesse : Xavier est embauché au Ministère. V / F

m) Xavier est décidé de travailler au Ministère de longues années. V / F

## Activité 5: Comment communiquent les colocataires

a) Quelles langues avez-vous entendu dans ce film ?

______________________________________________

b) Quelle est la langue de communication entre les étudiants ? ______________________

c) Comment Xavier apprend l'espagnol ? ______________________

## Activité 6: Ecrivez un commentaire pour ces photos du film

## Activité 7 : Complétez le synopsis avec les mots proposés

*colocation, étudiant, petite-amie, Erasmus, épouse, ami, Barcelone, ministère, écrivain, aventure, espagnol*

Xavier, ______________ en sciences économiques, rêve de devenir ________________. Mais son destin semble plutôt de travailler pour le ________________ des Finances. Jean-Charles Perrin, un _________ de son père, lui promet un poste au ministère s'il parle bien ________________ et s'il connait bien le marché espagnol. Il décide donc d'aller étudier un an à _______________ via le programme _______________, malgré l'incompréhension de sa _________________ Martine. A Barcelone, il s'installe dans un appartement en ______________ avec d'autres étudiants : l'Anglaise Wendy, l'Italien Alessandro, l'Espagnole Soledad, le Danois Lars, l'Allemand Tobias et la Belge Isabelle. Il a ensuite une ___________ avec Anne Sophie, l'______________ d'un neurologue expatrié ...

## Activité 8: Regardez l'extrait (1h49'25"→ fin) et racontez la fin du film

____________________________________________
____________________________________________
____________________________________________
____________________________________________
____________________________________________
____________________________________________
____________________________________________
____________________________________________

## Activité 9 : Echangez vos opinions

**Thème : Etudier à l'étranger**

- A votre avis, que pourraient vous apporter les études à l'étranger?
- Est-il facile de faire des études à l'étranger ? Oui /Non ? Expliquez.
- Selon vous, quels sont les avantages et les inconvénients de la cohabitation des étudiants venus de divers pays ?

**Documents annexes**

## Axe cinématographique

1/ Le réalisateur raconte...

Le réalisateur Cédric Klapisch avait rendu visite à sa jeune sœur lorsqu'elle était étudiante Erasmus à Barcelone où elle vivait avec d'autres jeunes de nationalité différente. Le réalisateur avait alors trouvé que cela ressemblait à une auberge espagnole. Il ajoute : *« Tout ce côté discontinu, dépareillé et polyphonique, c'est avant tout une source de comédie. Le partage d'un appartement avec des gens qui parlent des langues différentes, c'est forcément amusant mais ce ne sont pas que les langues qui se mélangent (...) C'est une matière scénaristique extraordinaire! C'est à la fois une source de comédie, de réflexion et de questionnement sur l'Europe et plus globalement sur la différence. »*

Cédric Klapisch a voulu employer une méthode de travail originale : *« L'histoire s'est construite comme ça, les idées ne partaient pas du script, mais des repérages et du casting qui allaient ensuite nourrir le scénario. Le film s'est ainsi fabriqué de bric et de broc, cahin-caha un peu à l'envers. Ce principe me paraît fondamental pour* l'Auberge Espagnole *qui parle du côté chaotique et inconséquent du monde d'aujourd'hui. »*

http://www.allocine.fr/film/fichefilm-182745/secrets-tournage/

2/ Une critique du film

De son propre aveu, le réalisateur voulait avant tout parler du *« bordel ambiant dans lequel évolue notre monde »*. Il en découle un voyage initiatique hilarant durant lequel Xavier va confronter sa propre identité au cœur de ce joyeux melting-pot culturel. On s'amuse donc beaucoup, notamment grâce à la réalisation inventive de Klapisch (images accélérées, mosaïques, montage rapide) et à son étonnante faculté de détourner les clichés. Car en dépit de l'aspect caricatural des personnages (l'Anglaise sérieuse, l'Italien glandeur, l'Allemand ultra-ordonné...), il parvient à leur donner l'authenticité adéquate pour l'identification du spectateur. *L'auberge espagnole* est l'exemple même de la comédie intelligente, dont on ressort dans un état de béatitude; un bien-être salvateur qui nous autorise à penser que, même si le monde ressemble à un immense bordel, chacun peut y trouver sa place.

https://www.avoir-alire.com/l-auberge-espagnole-la-critique

3/ Programme ERASMUS

LE FIGARO - *Comment expliquez-vous que votre film, sorti en 2002, soit devenu un symbole du programme Erasmus?*

CÉDRIC KLAPISCH - *Je pense que cela tient essentiellement au fait que, comme pour tous mes autres longs-métrages, je me suis énormément renseigné avant de l'écrire. J'ai rencontré beaucoup d'étudiants ayant fait l'expérience du programme, et tenté de retranscrire au mieux les petits détails de leur vie quotidienne, les tracasseries administratives qu'ils avaient pu connaître, bref de coller à la réalité de leur vie durant cette année. Du coup, quel que soit le pays concerné, il y a eu une vraie identification. Au final, mon film a fait la pub d'Erasmus, ce que je n'avais pas du tout prévu. Les inscriptions au programme ont même doublé après la sortie de L'Auberge espagnole!*

http://www.lefigaro.fr/cinema

## Axe thématique

1/ Cinq bonnes raisons pour étudier à l'étranger

**Apprendre une langue étrangère**
Être bilingue semble, de nos jours, une nécessité. Et quoi de mieux pour apprendre une langue étrangère qu'une immersion totale ? La pratique en continu d'une langue avec les natifs du pays est le meilleur moyen de la maîtriser.
**Découvrir une nouvelle culture**
La mondialisation a uniformisé la plupart des cultures, mais pas totalement ! Chacune garde ses spécificités. Il peut alors être intéressant de découvrir d'autres modes de vie, cela vous donnera une plus grande ouverture d'esprit. Vous vous rendrez compte qu'il y a différentes manières de penser et de voir les choses. Grâce à un esprit critique aiguisé, vous aurez désormais des points de comparaison pour juger les événements chez vous ou ailleurs.
**Épanouissement personnel garanti**
Livré à vous-même, ce voyage en terre inconnue vous fera gagner en maturité. Sans vos proches, vous devrez vous débrouiller par vos propres moyens. Une expérience unique pour prendre confiance en soi ! Vous apprendrez ainsi à mieux vous connaître mais aussi à vous ouvrir aux autres. Fort de vos nombreuses rencontres et de votre toute nouvelle débrouillardise, vous allez revenir transformé.
**Apprendre autrement**
Les méthodes pédagogiques ne sont pas les mêmes ailleurs qu'ici, chez vous ! Vous allez devoir vous adapter à un milieu d'apprentissage où les règles sont différentes. Par exemple, dans les pays anglo-saxons, les professeurs favorisent la réflexion personnelle à la restitution des cours. De même, les devoirs à la maison ne sont pas manuscrits mais tous tapés à l'ordinateur, comme dans la vie professionnelle !
**Valoriser son CV**
L'objectif ultime des études à l'étranger est de mettre en valeur sa formation. À l'heure de la mondialisation, un parcours international a plus de valeur pour le recruteur. Cela montre que vous êtes autonome, ouvert d'esprit avec une certaine curiosité intellectuelle, c'est également une preuve d'ingéniosité et d'adaptation. Des qualités très recherchées dans le monde du travail.

http://www.studyrama.com/international/etudier-a-l-etranger

2/ Colocation

La vie en colocation constitue une expérience riche et singulière. Deux ou plusieurs personnes, qui ne sont pas nécessairement amies, partagent un espace et une intimité au quotidien pour une durée à la fois prolongée et limitée. Elles mènent des vies en parallèle tout en demeurant libres et indépendantes dans leurs sorties, leurs relations et leurs activités. Cette expérience représente une belle occasion de mieux se connaître et de découvrir d'autres personnes. Elle favorise aussi l'émergence d'aptitudes concrètes, comme savoir cuisiner, gérer un budget ou entretenir un lieu, qui serviront pour le reste de la vie. Elle permet aussi de développer des qualités personnelles utiles pour la vie future comme l'affirmation de soi, la tolérance, le partage de biens et d'espaces, l'autonomie et la responsabilité.

https://www.aide.ulaval.ca/apprentissage-et-reussite/2e-et-3e-cycles/la-vie-en-colocation/

# Leçon 6

## Bienvenus chez les Ch'tis

### Les préjugés et les stéréotypes

# Leçon 6 : Bienvenus chez les Ch'tis

### Les préjugés et les stéréotypes

## Activité 1 : Lisez et complétez les informations sur le film

« *Bienvenue chez les Ch'tis* » est un film français réalisé par Dany Boon, sorti en février 2008 en France, en Belgique, en Suisse et au Luxembourg, puis en juillet 2008 au Canada. C'est le deuxième long métrage réalisé par cet humoriste français, après « *La Maison du bonheur* ». C'est aussi la première fois que Kad Merad occupe le rôle principal d'un film. Le réalisateur incarne un des seconds rôles. La comédie « *Bienvenue chez les Ch'tis* » a rencontré un immense succès auprès du public.

Dates de sortie : ____________________
Réalisateur : ____________________
Acteurs : ____________________
Genre : ____________________
Pays : film ____________________

## Activité 2 : Lisez et comparez

Réalisateur du film, Dany Boon

Daniel Hamidou, dit Dany Boon, est un acteur, humoriste, réalisateur, scénariste et producteur français né en 1966. Il vient d'une famille modeste : son père algérien (kabyle), ex-boxeur, est chauffeur routier, et sa mère, originaire du Nord de la France, est femme au foyer. Il a deux frères, Alexis et Philippe.

L'acteur principal, Kad Merad

Kad Merad, de son vrai nom Kaddour Merad, est un comédien, humoriste et réalisateur franco-algérien, né en 1964 en Algérie. Il est le fils de Mohamed Merad, ouvrier algérien, arrivé en France à l'âge de 16 ans, et de Janine Béguin, française, coiffeuse puis femme au foyer après la naissance de ses enfants. Kaddour Merad a deux frères, Karim et Reda, et une sœur, Yasmina.

| Points communs | Points divergents |
| --- | --- |
| | |

## Activité 3 : Lisez le résumé des quinze premières minutes du film

Philippe est, depuis de nombreuses années, directeur d'une Poste en Provence. Il vit avec sa femme Julie et leur fils Raphaël. Julie, dépressive, demande à son époux qu'il se fasse muter au bord de la mer Méditerranée. Après plusieurs échecs, Philippe constate que de nombreux employés handicapés sont prioritaires dans le choix des mutations. Il tente alors de tricher auprès de son administration en se faisant passer pour un handicapé en fauteuil roulant. Maladroitement, il révèle sa propre supercherie. Il n'est pas licencié, mais reçoit une mutation disciplinaire. Il est envoyé pour deux ans à Bergues, une petite ville dans le Nord, entre Dunkerque et Lille. Il tente de cacher la nouvelle à sa femme, et lorsque celle-ci découvre la vérité, elle décide de rester dans le Sud avec leur fils, obligeant Philippe à partir seul.

**Comment comprenez-vous... ?**

a) «... qu'il se fasse muter... »

______________________________________________

b) «... se faisant passer pour... »

______________________________________________

c) « ... il révèle sa propre supercherie. »

______________________________________________

d) « ...reçoit une mutation disciplinaire... »

______________________________________________

## Activité 4 : Lisez la suite du résumé et répondez aux questions

| Pour Julie et Philippe, sudistes et pleins de préjugés, le Nord c'est l'horreur, une région glacée, peuplée d'êtres rustres, qui parlent un langage incompréhensible, le "cheutimi". | Philippe va à Bergues seul. A sa grande surprise, il découvre un endroit charmant, une équipe chaleureuse, des gens accueillants, et se fait des amis, dont Antoine, facteur et carillonneur. |
|---|---|

a) Quels sont les préjugés des Français du Sud sur ceux du Nord ?

______________________________

______________________________

______________________________

b) Quelle est la réalité ?

______________________________

______________________________

______________________________

## Activité 5 : Lisez et donnez votre opinion

Quand Philippe revient au sud, Julie refuse de croire qu'il se plaît dans le Nord. Elle pense même qu'il lui ment pour la rassurer. Pour se simplifier la vie, Philippe dit à Julie qu'en effet, il vit un enfer à Bergues. Dès lors, sa vie s'enfonce dans un mensonge confortable...

a) Que pensez-vous du comportement de Julie ?

___

___

b) Que pensez-vous du comportement de Philippe ?

___

___

## Activité 6 : Ecrivez des commentaires de ces photos du film

___

___

___

___

___

___

___

___

___

___

___

___

___

___

___

___

## Activité 7 : Regardez l'extrait du film (durée 4'07'') et remettez les événements en ordre chronologique

- ☐ La nuit, en haut du beffroi, Antoine joue du carillon et demande Annabelle en mariage.
- ☐ Philippe conseille à Antoine d'être franc avec sa mère et lui dire qu'il aime Annabelle.
- ☐ Annabelle raconte à Philippe son histoire amoureuse avec Antoine.
- ☐ La cérémonie de mariage d'Antoine et Annabelle est joyeuse.
- ☐ A la poste, la mère d'Antoine annonce son consentement à Annabelle.
- ☐ Antoine, ivre, attaque le copain d'Annabelle dans la rue devant la poste
- ☐ Antoine annonce à sa mère sa décision d'épouser Annabelle.

## Activité 8 : Racontez (au passé) l'histoire d'amour entre Antoine et Annabelle

## Activité 9 : Echangez vos opinions

### Thème : Les préjugés et les stéréotypes

**Un préjugé** est une idée préconçue ou un jugement de valeur inconsidéré et définitif sur une personne ou un groupe de personnes sans les connaître suffisamment. Un préjugé se fonde toujours sur **un stéréotype**. Les préjugés nous sont inculqués par notre environnement social, s'en défaire demande une prise de conscience et un travail sur soi.

**Un stéréotype** est une généralisation simplifiée appliquée à un groupe entier de personnes, sans tenir compte des différences individuelles. Les stéréotypes sont des images figées, de l'ordre des croyances et des simplifications de la réalité. Ils visent souvent à justifier la conduite d'un groupe vis-à-vis d'un autre groupe.

http://droitsdelapersonne.ajefa.ca/docs/Module2_activite-pedagogique2.pdf

- Selon vous, les Coréens sont-ils victimes de préjugés de la part des étrangers ? Lesquels ?
- Quels sont les préjugés fréquents des Coréens sur les étrangers ?
- Selon vous, quelles peuvent être les conséquences des préjugés ?
- A votre avis, comment faire pour les éviter ?

### Documents annexes

## Axe cinématographique

1/ Une critique du film

Sans doute n'y avait-il que Dany Boon, l'enfant du pays, pour savoir mettre en scène avec un humour délicat les ch'tis de ce Nord mal aimé à tort. Avec cette comédie drôle et sensible l'acteur réalisateur joue avec le personnage qu'il s'est créé au fil des années. Sans surprise Dany Boon reste Dany Boon même dans le rôle d'Antoine son personnage. Alors que les textes savent être amusants (venant d'un humoriste dont la réputation n'est plus à faire le contraire eut été dommage) et les acteurs principaux, Kad Merad en tête, savent faire montre d'une belle humanité. On est touché et amusé, séduit par la finesse de l'ensemble. http://www.premiere.fr/film/Bienvenue-Chez-Les-Ch-Tis/critiques

2/ La langue des Ch'tis

Depuis le succès sans précédent du film "*Bienvenue chez les Ch'tis*" (plus de 15 millions d'entrées), la langue des Ch'tis est à la mode. C'est une langue régionale, que l'on appelle couramment "ch'ti" ou "chtimi", ou encore "patois du Nord", et que les linguistes appellent le "picard". Il existe en effet peu de différences entre les patois du Nord et du Pas-de-Calais avec la Picardie voisine. Ensemble, avec les parlers du Hainaut en Belgique, ils forment une seule et même langue, reconnue officiellement comme l'une des 75 langues régionales de France. Comme tout patois, le ch'timi est le langage de la vie quotidienne. Jusqu'à la fin de la première guerre mondiale, il était parlé par la majorité de la population régionale. De nos jours, même si l'on ne dispose pas de chiffres exacts, on peut estimer que la moitié de la population régionale comprend le ch'timi et que 20 % des habitants le parlent : cette langue est donc utilisée par plusieurs centaines de milliers de personnes, ce qui n'est absolument pas négligeable.

http://www.linternaute.com/humour/decouverte/dossier/chti/1.shtml

4/ Un lieu du tournage

Le beffroi* de Bergues (du XIV siècle) a été détruit par dynamitage par les troupes allemandes lors de leur retraite en 1944, puis reconstruit en 1961. Classé monument historique en 2004, il fait partie des beffrois de Belgique et de France, inscrits sur la liste du Patrimoine mondial par l'UNESCO en 2005. Au sommet du beffroi, se trouve un carillon de 50 cloches qui sonne pour le marché le lundi et d'autres festivités, comme le célèbre carnaval. (Wikipedia)

*Le beffroi est une tour de ville, dans laquelle on plaçait des gardes pour surveiller la campagne. Il y avait une cloche qui servait à donner l'alarme.

Un carillonneur

Les cloches du carillon

Un beffroi

## Axe thématique

1/ Les dangers des stéréotypes et des préjugés

Les stéréotypes et les préjugés, qu'ils soient positifs ou négatifs, ont toujours des conséquences sur la personne qui en est victime. Les stéréotypes et les préjugés positifs renforcent les liens sociaux à travers l'idée d'appartenance à un groupe ; ils renforcent la confiance et l'identification à l'autre, mais engendre souvent la discrimination. Les stéréotypes et les préjugés négatifs, quant à eux, peuvent se traduire par du harcèlement, de la maltraitance, ou encore des violences physiques et psychologiques. Les conséquences des préjugés négatifs peuvent être très néfastes sur la santé de la victime : dépression, suicide, repli sur soi, perte de confiance en soi, agressivité.

https://psychotherapie.ooreka.fr/astuce/voir/675313/stereotypes-et-prejuges

2/ Comment se débarrasser des préjugés

Une étude avait été menée, on avait fait croire à des enseignants que certains de leurs élèves étaient surdoués et que d'autres avaient un QI faible en leur donnant une liste de noms aléatoires : à la fin de l'année, les élèves dont on avait vanté l'intelligence avaient des résultats bien meilleurs que ceux dont on avait dit qu'ils étaient bêtes. On pourrait faire un parallèle avec le stéréotype des blondes, si on croit qu'elles sont bêtes, elles finiront par le devenir.

Nous avons tous des préjugés. Et plus nous en avons, plus nous courrons de danger de vivre dans la haine, dans la peur ou dans une fausse réalité. Essayons donc de comprendre qui sont-ils et comment lutter contre.

D'abord, faites une liste de vos préjugés. En ayant conscience de vos préjugés, vous allez pouvoir les remettre en question. Les Français ont souvent des préjugés sur les régions ou les villes, par exemple : les bretons sont alcooliques, les gens du nord sont bêtes, les parisiens sont malpolis. Ou des préjugés sur les étrangers, par exemple : les arabes sont des voleurs, les allemands sont froids, les portugaises sont poilues. A cause de ces préjugés, on rejette une amitié, une discussion, une interaction qui serait peut-être géniale avec quelqu'un juste parce qu'on croit qu'il est moins bien que nous.
Les préjugés, c'est de l'ignorance, ni plus ni moins. Alors pour lutter contre, il va falloir s'instruire. Et le meilleur moyen de le faire, c'est de voyager, rencontrer les catégories de gens qu'on a jugés sans les connaître, et de le faire en oubliant ses préjugés initiaux. Quand vous voyagez, sortez de la zone des hôtels et clubs. Sortez, vivez un petit peu comme les locaux et parlez-leur au maximum. Quand vous visitez une ville, ne vous contentez pas de voir les monuments, mais baladez-vous dans les rues aux alentours pour mieux connaître la ville vraiment et pas seulement les vues de type cartes postales qui rempliront juste un peu plus vos préjugés. Mais vous pouvez aussi rencontrer des gens différents dans votre ville : pour cela, vous pouvez rencontrer des étudiants étrangers si vous êtes étudiant, allez à des soirées d'expatriés. Ou à défaut sur internet, mais l'impact sera bien moindre par rapport à une vraie rencontre. Pourquoi je vous conseille ceci ? Et bien tout simplement parce qu'en faisant ça vous allez discuter avec plein de gens, de plein de cultures différentes. En quelques soirées de ce type, j'ai parlé à des américains, des marocains, des chinois, une islandaise, un irlandais, des allemands, des anglais, des roumaines, un flamand, un brésilien et j'en oublie ! Et croyez-moi, discuter avec chacune de ces personnes a radicalement changé ma vision des choses sur leur pays et a complètement effacé les préjugés que j'avais auparavant.

http://changeons.fr/prejuges-ignorance-comment-sen-debarrasser/

# Leçon 7

## Camille redouble

### Le premier amour et notre destin

## Leçon 7 : Camille redouble

### Le premier amour et notre destin

### Activité 1 : Observez l'affiche du film et complétez

a) Comment s'appelle l'héroïne de ce film ? ______________

b) Comment se déplace-t-elle ? ______________________

c) Comment est-elle habillée ? ______________________

______________________________________________

d) Que signifie « redoubler » ? ____________________

Notez les phrases prononcées par des critiques :

______________________________________________

______________________________________________

______________________________________________

e) Notez le nom de la réalisatrice de ce film :

______________________________

### Activité 2 : Regardez la bande annonce et répondez aux questions

https://www.youtube.com/watch?v=4fIblkPEQpg

a) Combien d'hommes Camille a eu dans sa vie ? ____________

b) Combien d'amies Camille avait-elle au lycée ? ____________

c) Qu'est-ce qu'elles aimaient faire ?

______________________________________________

d) Comment étaient les parents de Camille ? ______________________

______________________________________________

e) Comment Camille allait au lycée ? ______________________

f) Son premier baiser, c'était le jour ou la nuit ? ______________________

### Activité 3 : Lisez le synopsis et répondez

Camille a seize ans lorsqu'elle rencontre Eric. Ils s'aiment passionnément et Camille donne naissance à une fille. 25 ans plus tard, Camille sombre dans l'alcoolisme et Eric la quitte pour une femme plus jeune. Le soir du 31 décembre, Camille se trouve soudain renvoyée dans son passé. Elle a de nouveau seize ans. Elle retrouve ses parents, ses amies, son adolescence et Eric...et elle peut tout recommencer !

**A votre avis, que signifie la phrase : « Elle peut tout recommencer » ?**

______________________________________________

______________________________________________

______________________________________________

### Activité 3 : Dressez le portrait des personnages

Anne-Marie Gratigny : ____________________________________________

____________________________________________

Son mari Gilbert : ____________________________________________

____________________________________________

Léo, l'amant d'Anne-Marie : ____________________________________________

Le fils des Gratigny : ____________________________________________

### Activité 4 : Rédigez des légendes des photos du film

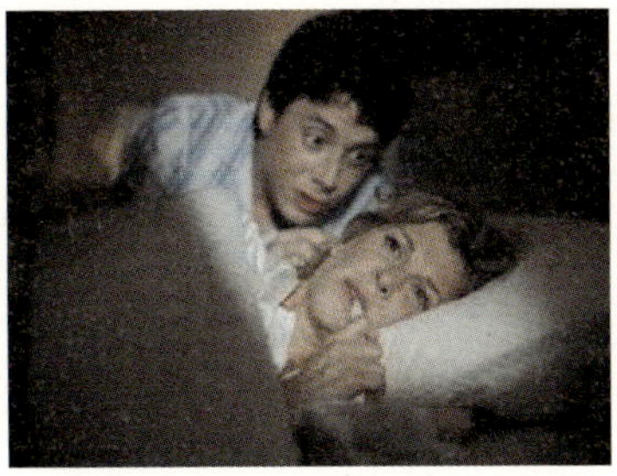

## Activité 5 : Lisez le propos de la réalisatrice du film et répondez

*« Ce sont les sentiments qui m'amènent à l'histoire. Je ne réfléchis pas à une intrigue, mais je ressens et ensuite je vois où cela m'entraîne. Dans ce film, il est question de bons sentiments qui provoquent des résultats désastreux. Une femme perd son mari, son fils reste près d'elle pour la soutenir parce qu'il la croit dans la douleur, et ça devient un enfer ! On a tous connu ce genre de situation. On a tous dans notre entourage quelqu'un qui en fait trop. A partir de ces sentiments, j'ai développé l'histoire d'Anne-Marie. C'est une grande bourgeoise qui perd son mari. Au lieu d'être affectée, elle est soulagée, parce que tout à coup, elle a peut-être une chance de vivre son bonheur avec l'homme de sa vie, celui qu'elle voit en secret depuis deux ans. Pour son malheur, sa famille décide de ne pas la laisser tomber, chacun redoute qu'elle craque, ou même pire, qu'elle se suicide. Elle va se retrouver encore plus prisonnière que lorsqu'elle était mariée. »*

http://www.canalplus.fr/c-cinema/c-les-films-en-salles/cid75251-enfin-veuve.html

**Reformulez les phrases suivantes :**

a) « de bons sentiments qui provoquent des résultats désastreux »

______________________________________________

______________________________________________

b) « au lieu d'être affectée, elle est soulagée »

______________________________________________

______________________________________________

c) « sa famille décide de ne pas la laisser tomber »

______________________________________________

______________________________________________

d) « Elle va se retrouver encore plus prisonnière que lorsqu'elle était mariée. »

______________________________________________

______________________________________________

## Activité 6 : Lisez les commentaires des internautes et complétez le tableau

- « *Voilà une comédie parfaite...Ici, on rit mais pas gratuitement. Le rire n'est pas là sans explication. Il participe à une histoire, qui finalement, se trouve touchante, émouvante. Mergault arrive à toucher le but d'une comédie : faire réfléchir sur des éléments d'une vie. On s'en voudrait presque d'avoir ri de cette femme, tant on comprend à la fin le désarroi. Film qui mérite ses 20 millions de spectateurs.* »
- « *On pouvait s'attendre à un bon film mais on assiste à une catastrophe. C'est lourd, pas franchement drôle et sans beaucoup de surprises. L'histoire met beaucoup trop de temps à s'installer, on décroche donc rapidement et commence à s'ennuyer dès le début et ce jusqu'au générique de fin. Michèle Laroque réussit à donner un semblant d'intérêt au film mais elle est bien la seule, le reste du casting ne valant pas grand-chose.* »
  http://www.allocine.fr/film/fichefilm-125052/critiques/spectateurs/star-1/

| Jugements positifs: | Jugements négatifs: |
|---|---|
| *comédie parfaite* | *une catastrophe* |

## Activité 7 : Echangez vos opinions

**Thème : Les relations dans le couple et l'infidélité**

- Quelles relations, selon vous, unissent le couple et le protègent de la séparation ?
- Le mariage pour la vie ? Le divorce est-il acceptable et dans quelles circonstances ? Qu'en pensez-vous ?
- A votre avis, pourquoi devient-on infidèle ?
- Pensez-vous qu'il y a des différences entre une femme infidèle et un homme infidèle ? Lesquelles ?
- Que pensez-vous du mensonge dans un couple ?

## Documents annexes

# Axe cinématographique

1/ La réalisatrice du film

Isabelle Mergault est née le 11 mai 1958 à Paris. Fille d'un couple de médecins – son père est chirurgien et sa mère chercheuse – elle a une sœur et un frère. Elle étudie à l'école des Beaux-Arts et parallèlement, entraînée par une copine, elle prend des cours de théâtre. Lorsqu'elle consulte un orthophoniste à 18 ans pour son chuintement, il lui conseille de garder cette petite marque de fabrique, très utile selon lui pour le théâtre. Isabelle Mergault obtempère et décide de poursuivre dans cette voie. Son désir d'indépendance l'amène à se confronter très rapidement à la vie active, elle est secrétaire-sténodactylo et commence à courir les castings. En 1979, elle décroche son premier rôle, dans *La dérobade* de Daniel Duval, puis dans *Diva*, en 1980. Elle enchaîne ensuite les seconds rôles comiques dans plusieurs films et décide d'interrompre sa carrière d'actrice en 1991. Dès la fin des années 80, elle écrit des scénarios pour la télévision et le cinéma. C'est avec le scénario du long-métrage *Meilleur espoir féminin* réalisé par Gérard Jugnot, en 1999, qu'elle obtient la reconnaissance du public. Puis, elle travaille dans une radio et en 2003, Isabelle Mergault reprend la plume et écrit le scénario de *Je vous trouve très beau*. Michel Blanc, l'acteur principal du futur long-métrage, et Jean-Louis Livi, le producteur, réussissent à la convaincre de passer derrière la caméra ! En 2005, Isabelle Mergault réalise ainsi son premier film qui est un énorme succès public. Forte de cette expérience, elle récidive avec deux autres films, *Enfin veuve* (2008) et *Donnant donnant* (2010). Fidèle à ses premiers amours, la comédienne joue régulièrement au théâtre, *Adieu je reste* ! (2013) et *Ouh Ouh* (2014).Côté vie privée, Isabelle Mergault cultive son jardin secret. Elle a adopté une petite fille d'origine nigérienne, née en 2009, prénommée Maya.

https://www.gala.fr/stars_et_gotha/isabelle_mergault

2/ L'opinion de l'actrice principale

« *Ce que j'aime dans l'écriture d'Isabelle Mergault,* confie Michèle Laroque, actrice principale du film *Enfin veuve, c'est sa générosité. Pour raconter les choses, elle ne se pose pas de questions. Elle ne calcule pas, elle ne manipule pas. Elle n'est ni dans le snobisme, ni dans la posture. Intelligente, elle n'intellectualise pas, elle ressent et veut le faire partager. Elle ne cherche pas à plaire, elle est simplement sincère et je crois que c'est ce qui touche le public. Je trouve que quoi qu'elle fasse, écrire, réaliser, raconter des histoires, elle le fait toujours pour de bonnes raisons.* »

3/ Le lieu du tournage

Le tournage s'est déroulé sur la côte méditerranéenne. « *Idéalement, j'aurais aimé tourner en Normandie ou en Bretagne, dans des coins plus sauvages, confie Isabelle Mergault. Mais là-bas, la mer se retire, il y a des marées. Tout le monde m'a dit que ça allait être un cauchemar logistique, qu'on ne serait jamais raccord, et on m'a conseillée de choisir la côte méditerranéenne. Ce n'était pas très grave parce que pour moi, le principal c'est l'histoire, les dialogues et les sentiments. Et puis les paysages sont biens aussi !* »

http://www.allocine.fr/film/fichefilm-125052/secrets-tournage/

## Axe thématique

1/ Les divorces en France

Aujourd'hui, près de 45% des mariages finissent par un divorce. Les hommes divorcés ont en moyenne 42 ans et les femmes divorcées 44 ans. Plus de la moitié (55% environ) des divorces sont des divorces par consentement mutuel. Les divorces pour faute diminuent considérablement d'année en année : près de 40% des divorces au début des années 2000, contre un peu moins de 10% aujourd'hui. Ce sont les femmes qui demandent le plus souvent le divorce. Elles sont à l'origine de près de trois quarts des divorces contentieux. Par le passé, c'était les hommes qui prenaient l'initiative de la majorité des divorces. En partie parce que les femmes, sans activité professionnelle pour la plupart, dépendaient de leur mari. Dans plus de 80% des cas, ce sont les femmes qui obtiennent la garde des enfants et dans les deux tiers des cas, la résidence du ménage est attribuée à la femme. Les causes du divorce sont multiples : infidélité (33%), égoïsme du partenaire (22%), mauvais caractère (15%), comportements abusifs, surtout la jalousie (15%), désaccords concernant l'avenir, les objectifs poursuivis - maison, enfants, animal domestique... (15%), incompatibilité (10%), argent et travail - perte d'un emploi, dettes...(plus de 10%), beaux-parents (10%).

https://www.jurifiable.com/conseil-juridique/droit-de-la-famille/divorce-france-statistiques

2/ Six clés d'un couple heureux

**Tolérance :** Ce sont les différences entre les partenaires, qui rendent l'autre attirant, parce qu'il est unique. C'est quand chaque partenaire reconnaît ce qui fait la spécificité de l'autre que naît l'amour : on peut alors l'aimer pour ce qu'il est réellement. C'est ce qu'on appelle « l'amour mature ». Accepter les différences de l'autre, c'est aussi respecter le besoin d'autonomie de chacun.

**Valeurs communes.** Nos valeurs découlent de l'éducation que nous avons reçue, de notre personnalité, de notre environnement culturel et social, de nos expériences. Elles sont rarement toutes communes à deux êtres. Comment faire, alors ? Echanger. Pour éviter le choc des valeurs, la meilleure solution est l'anticipation : Prendre le temps de se connaître et, surtout, de beaucoup parler, de tout et sur tout.

**Amitié.** Celle-ci se nourrit des centres d'intérêt et des loisirs communs, mais également de l'estime, du respect et du soutien mutuels, du souci d'être à l'écoute des envies ou des souffrances de l'autre... Comment faire ? Partager des loisirs, instaurer des rituels du couple - fêter l'anniversaire de la rencontre, du mariage ..., améliorer la connaissance mutuelle, donner de la tendresse...

**Paroles partagées.** La parole est un espace d'échange, de vie, où les partenaires se retrouvent pour se connaître mieux l'un l'autre et se reconnaître en tant que couple. Mais c'est un art subtil, il ne suffit pas de maîtriser les règles d'une communication professionnelle ou pédagogique puisque les échanges amoureux sont parasités par la charge affective. Donc, il faut accepter les limites de cette communication.

**Entente sexuelle**. Se débarrasser des idées reçues et inventer sa propre définition d'une sexualité épanouissante, en apprenant à découvrir ses points d'entente dans le couple.

**Projets et rêves.** Se projeter ensemble, c'est donner de la sécurité et de la stabilité à sa relation. Chaque partenaire doit exprimer ses projets personnels pour que le couple puisse envisager la possibilité de les incorporer à ceux du couple.

http://www.psychologies.com/Couple/Vie-de-couple/Au-quotidien/Articles-et-Dossiers/Les-6-cles-d-un-couple-heureux.

# Leçon 4

## Intouchables

**Le handicap et nos relations avec les handicapés**

# Leçon 4 : Intouchables

### Le handicap et nos relations avec les handicapés

**Date de sortie :** 2 novembre 2011
**Durée du film :** 1h 52min
**Scénario et dialogues** : Éric Toledano, Olivier Nakache
D'après le livre « Le Second Souffle » de Philippe Pozzo di Borgo
**Réalisateurs :** Éric Toledano, Olivier Nakache
**Acteurs :** François Cluzet, Omar Sy
**Genre :** comédie dramatique
**Pays :** film français

## Activité 1 : Regardez la bande annonce du film sans le son, puis cochez

https://www.youtube.com/watch?v=cXu2MhWYUuE

**Quelles activités font Driss et Philippe ?**

☐ Ils chantent.
☐ Ils roulent en voiture.
☐ Ils font des achats.
☐ Ils fument.
☐ Ils téléphonent.
☐ Ils font une course en fauteuil roulant.
☐ Ils se promènent la nuit au bord de la Seine.
☐ Ils vont au cinéma.
☐ Ils font du parapente.
☐ Ils dansent.

## Activité 2 : Regardez la bande annonce avec le son, puis complétez le texte avec les verbes proposés

*montrer, fumer, apprendre, donner, encourager, se rencontrer, mentir, habiter, penser, aider, venir, grandir, rouler, découvrir*

Les deux principaux personnages ____________________ de deux mondes complètement différents. Driss ________________ dans une famille d'immigrants pauvres. Philippe est un millionnaire qui _______________ dans une maison avec des assistants et sa fille. Quand ils __________________, ils s'intéressent l'un à l'autre. Driss ___________ Philippe à faire ses tâches quotidiennes, mais en plus, il lui ________________ le sentiment d'être comme tout le monde. Au lieu de le plaindre, Driss _________________ Philippe à prendre des risques. Il lui fait ________________ des choses rebelles que Philippe n'a jamais connues avant : les deux hommes ______________ de l'herbe, _______________ vite, et ________________ aux policiers. En revanche, Philippe _______________ à Driss la responsabilité. Personne n'a jamais eu confiance en Driss jusqu'à maintenant, car tout le monde ____________ qu'il est dangereux, mais Philippe ne le juge pas. Philippe _____________ aussi à Driss beaucoup de choses, comme l'art, la musique classique, l'avion, et le parapente.

## Activité 3 : Reliez les propos aux images du film

A *Alors ? C'est autre chose, ça, non ?*
*Allez ! C'est l'anniversaire, on danse là !*
*C'est l'anniversaire de Philippe !*

B *Bon, Philippe, je ne vais pas rester déjeuner.*
*Je ne vous laisse pas seul, c'est juste...*
*Je crois que vous avez un petit rendez-vous là.*

C *Ça vous donne pas envie d'envahir des pays ?*
*Je pense aux tétra-nazis*. Ça doit être bizarre pour faire le salut nazi comme ça...*

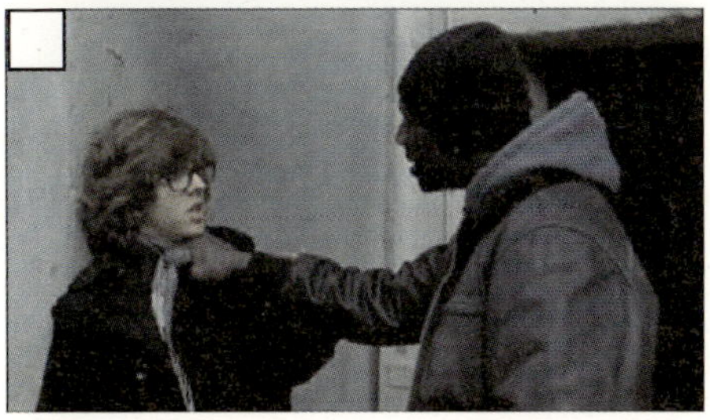

D *Il faut une signature pour dire que je me suis présenté à l'embauche, et que, malheureusement, malgré les qualités évidentes, ...il me faut trois refus pour que je puisse toucher mes Assedic.*

E *Vous allez pas acheter cette croute à 30 mille euros ! C'est pas possible, ça ! Le mec, il a saigné du nez sur un fond blanc et ça vaut 30 mille euros ?*

F *C'est pas bien ce que tu as dit à Lisa !*
*Maintenant, tu vas te comporter comme un homme et tu vas t'excuser !*

*tétra-nazis : fait référence à la fois au handicap de Philippe (tétraplégique) et à la moustache d'Hitler

## Activité 4 : Lisez les opinions des internautes et soulignez les expressions positives

A/ « *Sujets délicats (handicap, racisme, chômage) traités avec respect et humour....le message passe bien ! Et quand on pense que c'est une histoire vraie, ça fait chaud au cœur. Jeu des acteurs excellents, les premiers plans comme les seconds rôles. A voir et revoir !* »

B/ « *Ce film fait réfléchir sur la façon dont nous nous comportons avec les personnes handicapées. Il nous montre comment on peut réellement se comporter de façon normale avec elles. Une vraie leçon !* »

C/ « *J'ai 17 ans. Je pense que c'est un film splendide. Driss est un homme spécial pour Philippe parce qu'il traite Philippe comme un homme normal, aucune pitié pour lui. Je pense que pour certains handicapés ça pourrait être difficile à supporter. Puis, la musique est bien. Il y a 15 chansons dans ce film. Il y a le classique, le pop, le rock etc.* »

**Rédigez votre propre opinion sur le film**

_______________________________________________

_______________________________________________

_______________________________________________

## Activité 5 : Regardez l'extrait 1 (0'32'' → 0'43''). Complétez le dialogue

https://www.youtube.com/watch?v=dvdJ--DV0Uo

*— C'est qui, ce ________________ ? Autour de ___________, tout le monde s'inquiète.*

*— Bon, il est ___________, il est costaud, il a deux ___________ et deux ____________, un cerveau qui fonctionne, il est en bonne ________________.*

*— Les gars des _________ n'ont aucune pitié !*

*— C'est ce que je ________, aucune pitié.*

## Activité 6 : Notez les moments du film où Driss n'a aucune pitié avec Philippe

_______________________________________________

_______________________________________________

_______________________________________________

_______________________________________________

_______________________________________________

## Activité 7 : Faites un commentaire de ces dessins humoristiques

## Activité 6 : Echangez vos opinions

**Thème : Le handicap et nos relations avec les handicapés**

- Formez des groupes de 3 ou 4 personnes. Mettez-vous d'accord sur une définition d'une personne handicapée, puis comparez vos définitions et échangez vos opinions.
- Quel devrait être notre comportement vis-à-vis d'une personne handicapée ? Pourquoi ?

**Donnez votre avis :**

**Documents annexes**

## Axe cinématographique

1/ Une histoire vraie

L'histoire de ce film est inspirée de la vie du milliardaire Philippe Pozzo di Borgo, auteur du livre autobiographique *Le Second Souffle*, tétraplégique depuis 1993. Dans cet ouvrage il décrit Abdel Yasmin Sellou, son auxiliaire de vie d'origine algérienne, ancien malfrat au comportement parfois problématique, mais accompagnateur précieux. Philippe Pozzo di Borgo dit d'Abdel Sellou : *« Comme dans le film, il a répondu à mon annonce pour continuer à toucher les Assedic, ensuite il s'est dit que l'hôtel particulier du 7e était un coffre-fort facile à dévaliser. En fait il est resté dix ans».* Dans son livre, il écrit de son accompagnateur : *« Il est insupportable, vaniteux, orgueilleux, brutal, inconscient, humain. Sans lui, je serais mort de décomposition. Abdel m'a soigné sans discontinuité comme si j'étais un nourrisson. Attentif au moindre signe, présent pendant mes absences, il m'a délivré quand j'étais prisonnier, protégé quand j'étais faible. Il m'a fait rire quand je craquais. Il est mon diable gardien. »* http://www.magazine-audio.com/intouchables/

2/ Avant le tournage

Avant de se lancer dans l'aventure, les réalisateurs Eric Toledano et Olivier Nakache ont rencontré Philippe Pozzo di Borgo au Maroc, où il vit et où il s'est remarié. Une rencontre décisive pour les réalisateurs, qui ont vu leur envie de faire ce film se décupler tant le discours tenu par leur hôte était émouvant et sincère. Philippe a pu leur donner des indications et des conseils sur chacune des scènes du film. Il leur a recommandé *: « Si vous faites ce film, il faut que ce soit drôle. Cette histoire doit passer par le prisme de l'humour. Si je n'avais pas rencontré Abdel, je serais mort.»* L'acteur François Cluzet a également rencontré Philippe Pozzo di Borgo peu de temps avant le tournage du film afin de recueillir les informations dont il avait besoin. Il observa Philippe afin de reproduire au mieux sa façon de bouger, de respirer et de parler. L'acteur, réputé pour s'investir à fond dans ses rôles, s'est dit bouleversé par cette rencontre. http://www.allocine.fr/film/fichefilm-182745/secrets-tournage/

2/ Omar Sy

Né en 1978 à Trappes, près de Paris, Omar Sy est le fils d'une femme de ménage mauritanienne et d'un père ouvrier sénégalais. A 17 ans, il travaille à la radio et en 1997, il fait sa première apparition dans un film. Il enchaîne ensuite les rôles dans des comédies françaises humoristiques. Au cinéma, il doit cependant attendre 2006 avec *Nos jours heureux*, d'Eric Toledano et Olivier Nakache, pour obtenir son premier grand rôle. En 2012, sa prestation dans le film *Intouchables* lui vaut le César du meilleur acteur. Côté vie privée, Omar Sy épouse sa compagne depuis plusieurs années, Hélène, en juillet 2007. Le couple a quatre enfants. En octobre 2017, la famille s'agrandit avec la naissance d'une fille, née aux Etats-Unis, où la famille réside.

http://www.gala.fr/stars_et_gotha/omar_sy

## Axe thématique

1/ Les handicapés en France

12 millions de Français sur 65 millions sont touchés par un handicap. Parmi eux, 80% ont un handicap invisible, 1,5 millions sont atteints d'une déficience visuelle et 850 000 ont une mobilité réduite. Ainsi l'INSEE estime que 13,4% ont une déficience motrice, 11,4% sont atteints d'une déficience sensorielle, 9,8% souffrent d'une déficience organique, 6,6% sont atteints une déficience intellectuelle ou mentale, 2 à 3% de la population utilise un fauteuil roulant. La loi du 11 février 2005 est l'une des principales lois sur les droits des personnes handicapées, depuis la loi de 1975. Elle régit :
L'accueil des personnes handicapées, leur droit à compensation, leur scolarité et emploi, leur citoyenneté et participation à la vie sociale.

https://www.ocirp.fr/actualites/les-chiffres-cles-du-handicap-en-france

2/ Les relations valide-handicapé dans le milieu professionnel

Les personnes handicapées ont tout entendu sur le handicap en général, sur le leur en particulier. Elles ont été confrontées à tant d'idées reçues, de braves tentatives de gentillesse pénible, d'interprétations abusives, de jugements hâtifs, qu'elles peuvent parfois être usées d'entendre les mêmes refrains. Offrons-leur donc une alternative : Le handicap est une caractéristique comme une autre, alors détendez-vous et agissez comme avec n'importe qui d'autre. Il y a relativement peu de chances pour que vous fassiez des bourdes irréparables si vous êtes naturel. Evitez de dire : "Moi, à ta place, j'aurais du mal à supporter" ou encore "oh la la, ça doit être dur". La principale source de malaise entre valides et handicapés, c'est que les premiers ne savent pas ce que vivent les seconds et se font tout un tas d'idées parfois très éloignées de la réalité sur leur quotidien. Leurs propres peurs d'être incapables de faire avec, s'ils se retrouvaient dans la même situation, entrave une relation saine. Du coup, autant poser toutes les questions que vous vous posez. Dans l'ensemble, les handicapés préféreront ceux qui s'intéressent à leur expérience réelle du quotidien à ceux qui préfèrent s'écouter eux-mêmes. Etre prêt à donner un coup de main à un collègue qui en a besoin, c'est toujours bien, en revanche, anticiper ses besoins ou les exagérer, parce qu'il a un handicap, c'est tomber dans un comportement pénible et infantilisant qui génère l'inverse de l'effet recherché. Un bon moyen de minimiser l'émotion suscitée par le handicap consiste à focaliser sur la façon dont la personne s'y prend pour effectuer ses tâches malgré, et surtout avec cette caractéristique spécifique qui teinte son quotidien différemment du vôtre. Cela permet d'apprivoiser la différence plutôt que de la craindre, en prenant conscience qu'il est possible de compenser, que ça n'est pas forcément coûteux ou insurmontable et que, quoi qu'il en soit, le collègue handicapé développe des trésors d'inventivité pour compenser.

http://www.ithaquecoaching.com/articles/savoir-vivre-valides-handicapes-travailler-4632.html

# Leçon 5

## L'auberge espagnole

### Etudier à l'étranger

# Leçon 5 : L'auberge espagnole

### Etudier à l'étranger

**Date de sortie :** 19 juin 2002 (2h)
**Réalisateur :** Cédric Klapisch
**Acteurs :** Romain Duris (Xavier),
Audrey Tatou (Martine)
**Genre :** comédie
**Pays :** film français

## Activité 1 : Regardez l'affiche du film

Décrivez les personnages :

___________________________________________________________

___________________________________________________________

Comprenez-vous l'expression « C'est une auberge espagnole » ? Lisez :

Cette expression vient de la mauvaise réputation qui, dès le XVIII$^{ème}$ siècle, était faite par les voyageurs étrangers aux auberges espagnoles où on mangeait mal. Aujourd'hui, on désigne par « auberge espagnole » un lieu désordonné, mais aussi toute idée ou situation où chacun trouve ce qui l'intéresse, selon ses goûts, sa culture, ses convictions ...

## Activité 2 : Regardez la bande-annonce du film

http://www.allocine.fr/video/player_gen_cmedia=19454480&cfilm=33468.html

1. Où part Xavier ? ____________________________________________
2. Pourquoi ? ____________________________________________
3. Pour combien de temps ? ____________________________________________
4. Sa copine est contente qu'il parte. V / F
5. Où va-t-il loger ? ____________________________________________
6. Il va rester fidèle à sa copine Martine. V / F

## Activité 4 : Que se passe-t-il dans le film au présent (PR) et que se passe-t-il au passé (PA) ?

1. Camille se réveille à l'hôpital, ses parents viennent la chercher. PR PA
2. C'est le dernier jour de l'année, Camille fait la fête avec ses amies du lycée. PR PA
3. Camille confie à un professeur une cassette audio avec la voix de sa mère. PR PA
4. Éric donne son premier baiser à Camille. PR PA
5. Camille joue un petit rôle dans un film d'horreur. PR PA
6. Au bord de l'eau, Camille raconte à Éric son rêve étrange. PR PA
7. Camille prend le vélo pour aller au lycée. PR PA
8. Éric est venu récupérer ses affaires et vendre l'appartement. PR PA
9. Camille rentre chez elle en bus, elle boit. PR PA
10. Camille voit Éric pour la première fois, elle décide de l'éviter. PR PA
11. Les quatre filles sont invitées à une fête. PR PA
12. Camille récupère la cassette audio chez le vieux professeur. PR PA
13. A la demande de sa fille, Camille met la robe de sa mère. PR PA
14. Camille et Eric jouent du théâtre. PR PA

## Activité 5 : Regardez l'extrait du film (1h48'19''- 1h50'30'') et complétez la transcription du dialogue final avec les verbes proposés

*avoir, s'embrasser, battre, se souvenir, croire, voir, trouver, comprendre, arriver, dire, devoir, rencontrer, habiter, être, surprendre*

**Éric :** J'____________cette photo tout à l'heure, elle ________________ dans un de ces cartons que tu m'a si gentiment préparés hier. C'est bizarre parce que moi, je ne _____ ___________ pas du tout de cette photo. Tu _______________ que c'est moi qui l'ai prise ?

**Camille :** Oui, je m'en souviens, c'est toi qui l'as prise. Il m'________________ quelque chose de très étrange hier. C'était comme un rêve mais qui aurait duré des mois. Tout à coup, j'_________________de nouveau chez mes parents, j'______________ 16 ans et je t'_ ___________. Et j'étais odieuse avec toi. Tu me draguais, tu étais charmant, tu étais drôle, et moi, je te repoussais tout le temps. Et un soir, on__________________ pour la première fois. Tu te souviens ce que tu m'______________________ : « Au prochain réverbère je t'embrasse » ? (...)
Je me suis demandé, si j'allais reconnaitre ton premier baiser. Et je ne l'ai pas reconnu. Il m' _________________. Mais j'ai reconnu tes lèvres et j'____________________que même si j'embrassais d'autres lèvres, (...) ça ne serait jamais comme les tiennes. J'ai eu l'impression que mon cœur, qui ______________ tellement fort, venait enfin se reposer sur ta bouche. J'ai compris que même si je ne te ________________________ pas pendant 20 ans, même si je ne _________________ plus jamais te revoir de ma vie, ça ne changera rien.

**Éric :** Bon ben, je n'ai qu'à demander l'addition.

## Activité 6 : Ecrivez des commentaires de ces photos du film

## Activité 7 : Donnez votre opinion sur la relation entre Camille et ses parents

______________________________________________________________

______________________________________________________________

______________________________________________________________

______________________________________________________________

## Activité 8 : Imaginez ce qu'ils pensent de Camille

Sa mère : « Ma fille est gentille, mais ______________________________

______________________________________________________________

Éric : ______________________________________________________

______________________________________________________________

______________________________________________________________

______________________________________________________________

Ses amies : __________________________________________________

Le vieux professeur : _________________________________________

______________________________________________________________

______________________________________________________________

## Activité 9 : Echangez vos opinions

**Thème : Le premier amour et notre destin**

- Comparez Camille au début du film et à la fin. Comment expliquez-vous ce changement ?
- Souvenez-vous de votre premier amour ? Comment sont vos souvenirs ? Auriez-vous envie de tout revivre ? Oui/non, pourquoi ?
- Et si on pouvait recommencer et changer notre destin...Qu'en pensez-vous ?

## Documents annexes

# Axe cinématographique

1/ Un extrait d'une critique du film

Le fait de voir une personne adulte jouer l'adolescent, qu'il était, ne sert pas, contrairement à ce qu'on pourrait en attendre, à nourrir la drôlerie de la situation, encore que le film n'en soit pas dépourvu. Il est plutôt prétexte à une sorte de familière étrangeté, de rêve éveillé, source d'une méditation pleine de mélancolie. Son principal motif se résume ainsi : à supposer qu'on ait la possibilité de retourner dans le passé, pourrait-on modifier notre avenir ? Camille évitera-t-elle d'être séduite par Eric ? Empêchera-t-elle sa mère, au jour et à l'heure qu'elle ne connaît que trop, de tomber raide morte dans sa cuisine ? Aura-t-elle la possibilité de réparer le mal qu'elle a fait, l'indifférence qu'elle a éprouvée, la peine qu'elle a ressentie ? Toute la beauté de ce film consiste à répondre par la négative à ces questions, tout en suggérant de manière diffuse que quelque chose de cet ordre est quand même en train de s'accomplir sous nos yeux. La scène infiniment émouvante où Camille dit à sa mère qu'elle l'aime quelques instants avant le moment redouté de sa mort réclame d'être considérée comme une image fondatrice de la raison et de l'existence même du film.

http://www.lemonde.fr/culture/article/2012/09/11/camille-redouble-on-n-est-pas-serieux-quand-on-a-47-ans_1758530_3246.html

2/ La réalisatrice et l'actrice principale

A vrai dire, Noémie Lvovsky ne veut pas considérer que ses films soient autobiographiques. Mais nous n'en saurons pas tellement plus. La confidence n'est pas le genre de Noémie Lvovsky, et elle traduit souvent sa gêne en souriant... Elle ne me parlera pas de sa mère, ou d'elle-même en tant que mère... mais elle m'explique que son père, qui était ophtalmo (ah oui ?...) et était un homme grave. *« Il avait vécu des choses très dure dans son enfance, dont je ne veux pas parler, mais ce n'est pas difficile à deviner. Et quand nous regardions ensemble des comédies américaines des années 30, 40, 50, qu'il adorait, je le voyais soudain sourire et rire »*. Dans l'enfance, pour Noémie Lvovsky, il y eut le théâtre au collège, au lycée, au conservatoire. Le théâtre lui permettait de respirer. Après le bac, elle se lance dans des études de littérature au début des années 80, puis suit des cours sur le cinéma.

https://www.lesinrocks.com/2017/09/29/cinema/portrait-de-noemie-lvovsky-cineaste-intense

3/ L'extrait d'une interview avec l'acteur Samir Guesmi

**Noémie Lvovsky a fait le choix de conserver les mêmes acteurs pour jouer les mêmes personnages à des âges différents. Vous aviez une certaine appréhension à retrouver vos 17 ans ?**

*« Enorme. Parce que ce n'est pas forcément quelque chose qu'on a envie de revivre. Il y a cette espèce de naïveté et de candeur et tout arrive de manière extrêmement violente, des sentiments, des émotions, de la réalité, de choisir sa route, se mettre en place... Et ça, ce n'est pas forcément les meilleurs souvenirs (rires). ... finalement, on se rend compte que la différence, elle est assez infime, elle est assez extérieure et superficielle. Et c'est ça que j'ai compris : on est les mêmes de 8 ans à 80 ans. On se rend compte que c'est le regard qui change peut-être sur les choses. C'est dans les yeux en fait et ce qui serait formidable, c'est de garder toujours la nouveauté avec le temps qui passe. »*

https://www.challenges.fr/cinema/samir-guesmi-camille-redouble-on-est-les-memes-de-8-a-80-ans_544351

## Axe thématique

1/ Le premier amour

C'est dans l'air du temps, et Internet facilite grandement la tâche : de plus en plus d'individus cherchent à retrouver leur premier amour, comme si le deuil ne s'en était jamais fait, comme s'il pouvait tenir à nouveau le premier rôle. Pourquoi ?
« *J'ai plusieurs patients dans ce cas,* raconte Alain Héril, psychothérapeute. *Cela rend compte d'une sorte de dépression générale que traversent actuellement nos sociétés, marquée par une incertitude douloureuse quant au présent et une peur de l'avenir qui font que les individus se tournent vers le passé pour se ressourcer. Le premier amour symbolise un moment de leur vie où ils se sentaient vivants et pleins de promesses. Ce désir d'un retour à une innocence première explique le succès phénoménal des sites généalogiques ou encore d'un site comme* « Copains d'avant », *qui permet de retrouver ses amis de classe....De toute façon, pour chacun d'entre nous, la première expérience amoureuse – qu'elle ait été idéale ou cruelle – est extrêmement forte puisqu'elle signifie la fin de l'enfance, le passage à l'âge adulte et la première rupture avec le milieu familial.* »

http://www.psychologies.com/Couple/Vie-de-couple/Amour/Articles-et-Dossiers/Renouer-avec-son-premier-amour

2/Le destin dans la mythologie gréco-romaine

*Le Destin* est une divinité aveugle, inexorable, issue de la nuit et du chaos. Toutes les autres divinités lui étaient soumises. Les cieux, la terre, la mer et les enfers étaient sous son empire : rien ne pouvait changer ce qu'il avait résolu ; en un mot, *le Destin* était lui-même cette fatalité suivant laquelle tout arrivait dans le monde. Même le plus puissant des dieux, Jupiter, ne pouvait fléchir *le Destin* en faveur ni des dieux, ni des hommes. (Wikipedia)

3/ L'opinion d'un psychologue

« *Je pense sincèrement que le destin n'existe pas. Ce qui existe, ce n'est pas un destin fixe, mais des tendances, des influences profondes, liées à notre passé, nos racines, notre milieu social, notre époque, etc. Certes, tout cela pèse sur le déroulement de nos existences, mais nous avons une importante marge de manœuvre, et – au prix de certains efforts toutefois - nous pouvons très largement échapper à ce « destin », qui n'est en réalité qu'un ensemble d'influences génétiques, familiales, sociales...* »

http://www.psychologies.com/Culture/Spiritualites/Meditation/Reponses-d-expert/Le-destin-existe-t-il

4/ Changer son destin

La chiromancie permet de lire les lignes de la main. Amour, santé, chance, argent, tout serait écrit dans notre paume. Dans ce cas, difficile de forcer le destin. Et s'il suffisait de modifier ses lignes pour changer son avenir ? Au Japon et en Corée, la nouvelle tendance de chirurgie plastique consiste à se faire opérer la paume de la main afin de changer ses lignes. Comment ? Avec un scalpel électrique, le chirurgien brûle la peau afin de laisser des cicatrices. Une opération qui dure de dix à quinze minutes.

https://www.santemagazine.fr/actualites/changer-son-destin-avec-la-chirurgie-des-mains-195656

# Leçon 8

## Amour

### La souffrance et l'euthanasie

# Leçon 8 : Amour

### La souffrance et l'euthanasie

## Activité 1 : Lisez le texte, observez l'affiche, puis complétez la fiche du film

Le 22 février 2013, au Festival de Canne, ce drame franco-autrichien est le deuxième long métrage, 32 ans après *Le Dernier Métro* de François Truffaut, à gagner les cinq Césars les plus prestigieux : Meilleur film, Meilleur réalisateur (Michael Haneke), Meilleur acteur (Jean-Louis Trintignant), Meilleure actrice (Emmanuelle Riva) et Meilleur scénario (Michael Haneke). http://www.lemonde.fr/culture/

Date de sortie : 20 mai 2012
Durée : 126 minutes
Scénario: ______________________________
Réalisateur : ____________________________
Pays d'origine : __________________________
Genre : _________________________________
Acteurs principaux : ________________________________________ , Isabelle Huppert

## Activité 2 : Regardez la bande-annonce

http://www.allocine.fr/video/player_gen_cmedia=19342606&cfilm=188067.html

Décrivez le lieu : ____________________________________________________________

______________________________________________________________________________

Décrivez les trois personnages : ________________________________________________

______________________________________________________________________________

______________________________________________________________________________

______________________________________________________________________________

## Activité 3 : Lisez le synopsis et répondez aux questions

Anne et Georges, deux anciens professeurs de musique, maintenant octogénaires, ne sortent plus souvent de leur bel appartement parisien. Ils ont une fille, Eva, musicienne elle aussi, installée à l'étranger. Un accident vasculaire cérébral conduit Anne à l'hôpital. Elle en revient diminuée, à demi-paralysée. Georges embauche une infirmière, puis la renvoie, insatisfait de ses services. Se reposant seulement sur l'aide occasionnelle d'un couple de concierges, il vit reclus. L'amour infini qui unit Anne et Georges entre dans sa dernière épreuve. Tandis que l'état de santé d'Anne se détériore lentement, Georges mobilise toutes ses forces et ses souvenirs... http://www.telerama.fr/cinema/films/amour,434019.php

a/ Quel âge ont Anne et George ? ______________

b/ Qui est Eva ? ____________________________________________________________

c/ Quel est le problème de santé d'Anne ? __________________________________

______________________________________________________________________________

d/ Qui s'occupe d'Anne ? _________________________________________________

## Activité 4 : Complétez le résumé du début du film

*bus, spectateurs, serrure, malaise, pianiste, maladie, couple*

Au début du film, on découvre un ___________________de personnes âgées au milieu des _________________________d'une salle de concert. Après le concert, ils félicitent le jeune___ ______ . Ils sont complices, amoureux encore, cela se voit. Très vivants. Ils rentrent chez eux en _________ et constatent que la _____________de leur appartement a été forcée. De cet appartement, ils n'en sortiront plus. Le lendemain, Riva fait un ______________.

C'est le premier signe d'une __________________qui va méthodiquement la détruire ...

## Activité 5 : Ecoutez l'extrait 1 du film (15'18'' → 17'56'') et répondez aux questions

a) Eva est mariée avec Joph (=Joseph). V / F / ?
b) Ils ont un enfant. V / F / ?
c) Eva est musicienne, elle joue dans un ensemble. V / F / ?
d) L'ensemble donne des concerts à l'étranger. V / F / ?
e) John, le fils d'Eva, est un bon musicien. V / F / ?
f) John a de bonnes relations avec son père. V / F / ?
g) Joph est un compagnon fidèle. V / F / ?
h) Eva est toujours amoureuse de Joph. V / F / ?

Isabelle Huppert et Jean-Louis Trintignant au Festival de Cannes

**Activité 6 : Georges s'occupe de sa femme malade. Ecrivez une légende pour chaque photo**

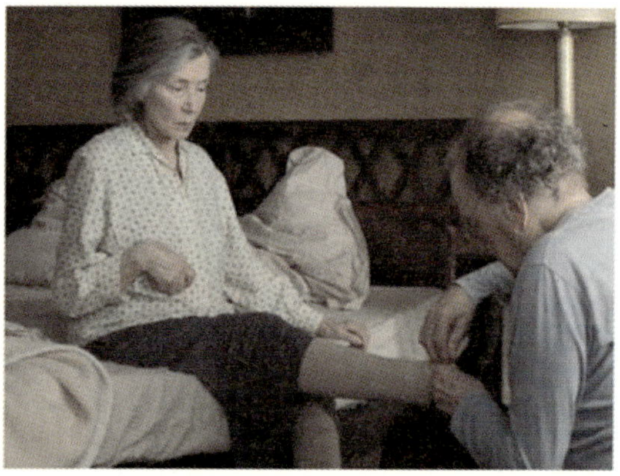

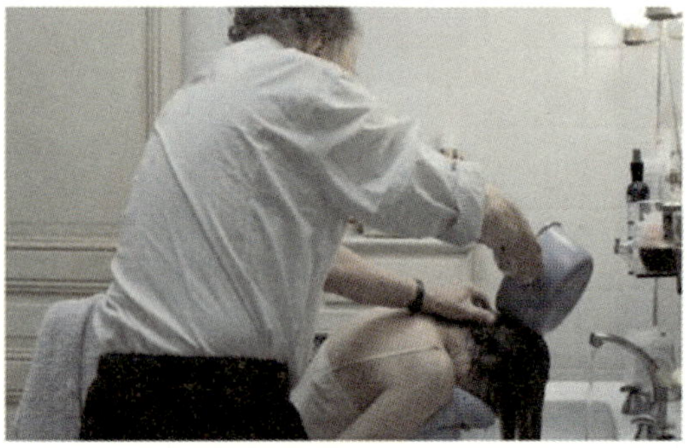

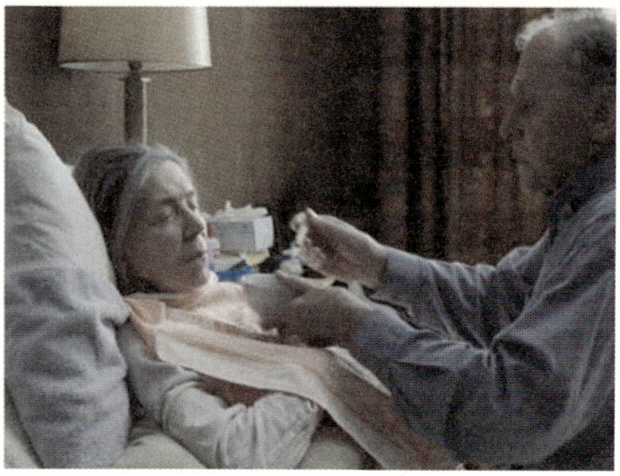

## Activité 7 : Regardez l'extrait 2 (1h39'40'' → fin)

**Imaginez les raisons des actions de Georges :**

a) Il raconte à Anne une histoire de son enfance.

______________________________________________________________

b) Il met un oreiller sur le visage d'Anne.

______________________________________________________________

c) Il apporte des fleurs et les coupent soigneusement.

______________________________________________________________

d) Il choisit une robe dans l'armoire d'Anne.

______________________________________________________________

e) Il colle la porte de la chambre avec une bande adhésive.

______________________________________________________________

f) Il attrape un pigeon dans une couverture.

______________________________________________________________

g) Il écrit une lettre.

______________________________________________________________

h) Il regarde Anne en train de laver la vaisselle.

______________________________________________________________

i) Il met son manteau et suit Anne, ils quittent l'appartement.

______________________________________________________________

## Activité 8 : Echangez vos opinions

**Thème : La souffrance et l'euthanasie**

- Certaines personnes sont condamnées à mourir lentement dans la souffrance. On y peut rien. Qu'en pensez-vous ?
- Georges a tué sa femme. C'est un crime. Il devrait être jugé et emprisonné. Donnez votre avis.
- Que pensez-vous de la légalisation de l'euthanasie ?

**Documents annexes**

## Axe cinématographique

1/ Une critique du film

Ils ont passé des décennies ensemble. Soudain, la série d'accidents vasculaires dont Anne est victime les prive de ce qui faisait la saveur de leur vie à deux. Mais ne les prive pas de leur vie à deux. Pas encore. Le film montre comment le dépérissement et l'imminence de la mort resserrent le lien et renforcent l'autarcie. Comment un couple redevient, dans l'épreuve finale, une cellule fusionnelle, excluant les autres.

Avec Michael Haneke, on voit toujours le plus terrible, le plus dérangeant. Mais, dans ce film-ci (Palme d'or à Cannes en 2012), on voit aussi le plus familier, le plus tendre. A la fois les extrémités du quotidien partagé et les gestes extrêmes de l'amour... De l'amour, ou autre chose d'insondable : c'est toute la question. *« Tu es un monstre, mais tu es gentil»*, dit ainsi la mourante à son époux.

Jean-Louis Trintignant et Emmanuelle Riva sont au-delà des larmes, et d'autant plus impressionnants. Mais ils se fondent, humblement, dans le grand dessein de Haneke : livrer une sorte de témoignage fictionnel sur les confins de la condition humaine. Avec des scènes concrètes, mais aussi des images mentales, qui nous hantent comme si elles étaient fichées dans nos cerveaux depuis toujours.

http://www.telerama.fr/cinema/films/amour,434019.php

2/ La vie privée de Jean-Louis Trintignant

Grand acteur français, mais aussi réalisateur et pilote de course. Il est né en 1930, dans le Sud de la France, à Piolenc à 6 km au nord-ouest d'Orange. Il est le fils de Raoul Trintignant, industriel, maire et conseiller général. Jean-Louis ambitionne de devenir coureur automobile à l'instar de son oncle Maurice Trintignant. En 1941, il se découvre une passion pour la poésie de Jacques Prévert qui ne le quittera plus de sa vie avec entre autres Guillaume Apollinaire et Louis Aragon. En 1949, alors qu'il est étudiant à la faculté de droit d'Aix-en-Provence, il assiste à une représentation de L'Avare, comédie de Molière mise en scène par Charles Dullin : cette pièce est pour lui une révélation. Il abandonne ses études, décide de suivre les cours de comédie de Charles Dullin et de Tania Balachova à Paris. Cela l'aide à vaincre sa profonde timidité.

https://fr.wikipedia.org/wiki/Jean-Louis_Trintignant

3/ Les débuts de sa carrière d'acteur

Il fait ses débuts en 1956 avec le film *Si tous les gars du monde* de Christian-Jaques et connaît la célébrité internationale en même temps que Brigitte Bardot avec le film mythique à scandale *Et Dieu... créa la femme* de Roger Vadim. Après son service militaire, il redevient populaire en jouant de façon magistrale Hamlet de William Shakespeare au théâtre, puis, en 1960, grâce au film *Les Liaisons dangereuses* (avec Gérard Philipe, Jeanne Moreau, et Boris Vian). Il connaît à nouveau la gloire internationale avec *Un homme et une femme* de Claude Lelouch récompensé en France par la Palme d'or au Festival de Cannes 1966 et aux États-Unis par les Oscars du meilleur film étranger et du meilleur scénario original.

https://fr.wikipedia.org/wiki/Jean-Louis_Trintignant

## Axe thématique

1/ L'espérance de vie en France

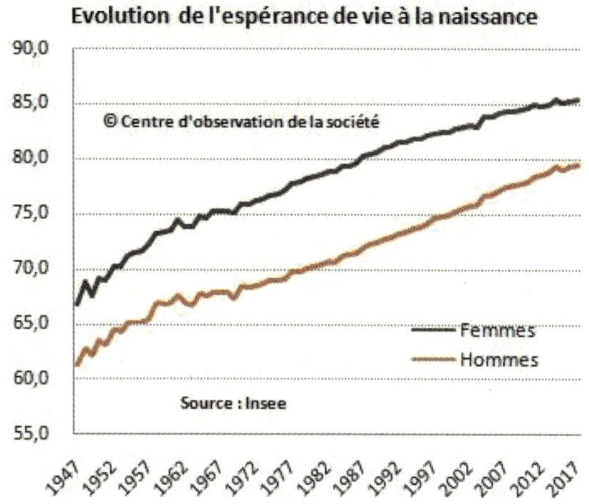


L'espérance de vie à la naissance atteint 79,5 ans pour les hommes et 85,4 ans pour les femmes en 2017 en France métropolitaine. Au cours des 60 dernières années, les hommes comme les femmes ont gagné 14 ans d'espérance de vie en moyenne. De très nombreux facteurs contribuent à l'allongement de la vie. Sur longue période, les conditions de vie s'améliorent, le travail est moins pénible physiquement et le nombre d'heures de travail baisse. Plus qualifiés, les individus sont de plus en plus attentifs à leur santé et à leur corps en particulier (hygiène, alimentation, etc.). L'accès aux soins progresse. Dans les années plus récentes, les progrès, qui ont le plus accru l'espérance de vie, ont surtout été réalisés en faveur des personnes les plus âgées, autour de 80 ans pour les femmes et 70 ans pour les hommes, principalement par une amélioration des traitements des cancers et des maladies de l'appareil respiratoire.

http://www.observationsociete.fr/population/evolution-esperance-de-vie.html

2/La légalisation de l'euthanasie

La question de la place de l'euthanasie ou du suicide assisté dans la législation des différents pays est source de débats. La plupart des pays les interdisent, à l'exceptions de la Belgique, du Canada, de la Suisse, des Pays-Bas, du Luxembourg et de certains États américains. En 2015, l'euthanasie active n'est légale que dans quatre pays : la Colombie, les Pays-Bas, la Belgique et le Luxembourg. Le suicide assisté est légal en Suisse ainsi que dans cinq États américains (Oregon, Washington, Montana, Vermont et Californie). Cependant, un certain nombre de pays interdisant l'euthanasie active ont légalisé l'arrêt des traitements à la demande du patient ou interdit l'acharnement thérapeutique et institué des initiatives d'accompagnement des patients en fin de vie.

https://fr.wikipedia.org/wiki/L%C3%A9gislation_sur_l%27euthanasie_et_le_suicide_assist%C3%A9_par_pays

3/ Anne Bert : « J'aime trop la vie pour me laisser mourir »

Beaucoup de Français décident de se rendre en Belgique pour pouvoir mourir dans la dignité. En 2015, plus de 2.000 cas d'euthanasie ont été déclarées en Belgique. A 59 ans, la romancière Anne Bert, atteinte de la maladie de Charcot qui paralyse progressivement ses muscles, a écrit un livre avant sa mort programmée et a lancé un appel aux candidats à l'élection présidentielle en 2017 dans une lettre. En racontant sa souffrance, la Française relance le débat sur l'euthanasie des personnes malades sans aucune chance de guérison. Mais la France n'autorise que "la sédation profonde et continue jusqu'au décès". Une manière de graver dans le marbre la nécessité de soulager les souffrances des malades mais qui ne va pas assez loin pour Anne Bert. Elle réclame un débat public sur l'euthanasie et le suicide assisté. *« Cela nous concerne tous ! »*, clame la romancière qui a dû renoncer à l'écriture. *« Je n'ai pas peur de la mort mais de la souffrance »*.

http://www.huffingtonpost.fr/2017/09/15/le-plaidoyer-danne-bert-avant-son-euthanasie-en-belgique_a_23210163/

# Leçon 9

## Une famille à louer

### L'importance de la famille

# Leçon 9 : Une famille à louer

### L'importance de la famille

## Activité 1 : Observez l'affiche et complétez les informations

Date de sortie : 19 août 2015
Réalisateur : ______________________________
Acteurs : _________________ et ____________________
Genre : comédie, romance
Pays : film franco-belge

## Activité 2 : Regardez la bande-annonce du film <u>sans le son</u>

https://www.youtube.com/watch?v=7E74F2tGTto

Décrivez la maison de Paul-André :

______________________________________________________

______________________________________________________

Décrivez la maison de Violette :

______________________________________________________

______________________________________________________

## Activité 3 : Regardez la bande-annonce <u>avec le son</u>, puis lisez le synopsis. Caractérisez les personnages

Maison luxueuse, superbe voiture, domestique : Paul-André, quadragénaire riche et introverti, ne manque de rien. Sauf d'une famille. Car cet homme d'affaires désabusé se sent très seul et s'ennuie profondément. Il en conclut qu'il a besoin de ce qu'on appelle le bonheur familial. Et pour cela, il propose un étonnant contrat, en tout bien tout honneur, à la pétillante Violette, une jeune mère célibataire de deux enfants, menacée d'expulsion : louer sa famille contre le remboursement de ses dettes. Prêt à goûter aux joies de la vie familiale, Paul-André s'installe chez elle. Mais sa « famille à louer » lui réserve quelques surprises...
http://www.telerama.fr/cinema/films/une-famille-a-louer,498922.php

Comment est Paul-André ?

______________________________________________________

______________________________________________________

Comment est Violette ?

______________________________________________________

______________________________________________________

**Activité 4 : Regardez l'extrait 1 (2'50"→ 5'38"). Ecoutez et suivez la transcription. Puis répondez aux questions**

(Violette au milieu des journalistes devant le Palais de Justice)

**Violette :** *Ils veulent m'enlever mes enfants. Voilà ce qu'ils veulent. Mais moi, si on m'enlève mes enfants, je meurs. Je meurs !*

**Journaliste** : *Et pour les enfants, est-ce qu'on vous a dit pourquoi ?*

**Journaliste :** *Est-ce que vous avez l'intention de faire appel ?*

**Violette :** *Mais appel à qui ?*

**Journaliste :** *Et pour les enfants ?*

**Violette :** *Ils disent que je n'ai pas les moyens d'assurer leur éducation ! Ils disent que je les mets en danger en volant. Mais est-ce que voler pour nourrir ses enfants, c'est les mettre en danger ? Ben moi, je dis : Non ! Alors que les séparer de leur mère, c'est ça, ce qui les met en danger. Et c'est ça ce qu'ils veulent. La famille, MA famille, c'est la prunelle de mes yeux(1), même dans la tourmente, la famille c'est le havre de paix(2), l'harmonie, la douceur, le réconfort, et on veut les priver de ça ? Sans l'amour de la famille, on est comme une cloche des rats(3), une cymbale tonitruante, et ce n'est pas moi qui le dit, c'est Saint Paul(4). On est quoi si on n'a pas de famille ? Rien. Rien.*

(1) c'est la prunelle de mes yeux = c'est ce qui m'est le plus cher
(2) un havre de paix (le havre = le port ; le refuge) = un endroit où l'on se sent en sécurité
(3) être comme une cloche des rats = être un clochard parmi les rats (être à la cloche = être un clochard)
(4) «*Que je parle les langues des hommes et des messagers, si je n'ai pas l'amour, je ne suis qu'un gong retentissant, qu'une cymbale tonitruante. Que j'aie l'inspiration, .... Si je n'ai pas l'amour, je ne suis rien.*»
Saint Paul aux Corinthiens

a) Pourquoi Violette a-t-elle volé le poulet dans le supermarché ?

________________________________________________

b) Pourquoi Violette est-t-elle scandalisée à la sortie du Palais de Justice ?

________________________________________________

c) Violette adore sa famille. V / F

Justifiez : __________________________________________

________________________________________________

**Activité 5 : Ecrivez des commentaires de ces photos du film**

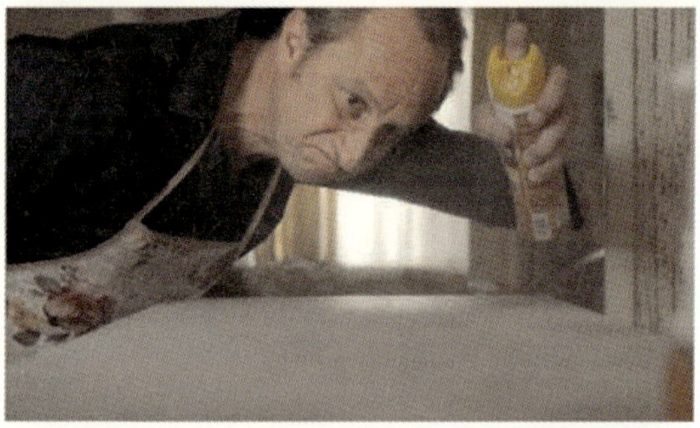

## Activité 6 : Ecoutez l'extrait 2 (1h09'48" → 1h10'45"), puis complétez

| | |
|---|---|
| *chômeuse* | *infortune* |
| *ses enfants* | *provisoire* |
| *la maison* | *autonome* |
| *fortune* | *travaillez* |
| *en charge* | *familiales* |

**Mère :** Vous ________________ dans quoi ?
**Violette :** Dans ________________.
**Mère :** Architecte ?
**Violette :** Non, ___________________, au foyer
**Mère :** Vous avez peut-être une ________________ personnelle, comme mon fils ?
**Violette :** Pas vraiment, non, moi, c'est plutôt une ________________ personnelle, malheureusement.
**Paul-André :** Je m'occupe de Violette et je prends en charge ___________________.
**Mère :** Pardon ?
**Paul-André :** Je dis que je prends ses enfants ___________________, maman !
**Mère :** J'espère que c'est ______________________.... Je l'ai mis dans une pension très stricte pour des raisons _________________ et je dois dire que ça n'a pas aidé à devenir très ____________________. Enfin, on est comme on est.

## Activité 7: Regardez l'extrait 3 (1h11'00" → 1h14'55"), puis répondez aux questions

a) Depuis quand Paul-André et Sandra se connaissent-ils ? ____________________________
b) Selon la mère de Paul-André, quel type de femme faudrait-il à son fils ?
______________________________________________________________
c) Quelle est la profession de Sandra ? ____________________________________________
d) Quel service la mère demande-t-elle à Violette ? Remercie-t-elle ?
______________________________________________________________
e) Violette se fâche et sort dans le jardin. Pourquoi ?
______________________________________________________________

## Activité 8 : Echangez vos opinions

**Thème : L'importance de la famille**

- Violette dit : « *On est quoi si on n'a pas de famille ? Rien !* » Qu'en pensez-vous ?
- Le juge pense que Violette met en danger ses enfants, puisqu'elle ne trouve pas de travail et vole dans des magasins. Violette dit que séparer les enfants de leur mère, c'est ce qui les met en danger. Qui a raison et pourquoi ?
- A votre avis, la réussite professionnelle est-elle plus importante que la vie familiale ?

**Documents annexes**

## Axe cinématographique

1/ Une critique du film

Notre avis : Après l'intense *Marie Heurtin*, drame historique d'une grande puissance émotionnelle, Jean-Pierre Améris revient sur nos écrans narrer la rencontre improbable d'un riche héritier solitaire et d'une mère célibataire extravertie. Libérée des clichés prolétaires et de la démagogie politique, drôle, tendre et émouvante, cette comédie de caractère ravit par ses plans simples et précis, et ses personnages très bien construits et interprétés. Violette est une jeune femme excentrique, pittoresque et bordélique, avec une grande personnalité, quand Pierre-André est un homme timide, réservé et maniaque. De même Lucie et Auguste, les enfants de Violette, présentent les mêmes caractéristiques : Auguste est un enfant docile et curieux, quand Lucie est une adolescente rebelle, se disputant quotidiennement avec sa mère. C'est donc bel et bien cette opposition des attitudes qui conduit toute l'intrigue du film. La symbolique des couleurs des décors et des costumes le prouvent également, renforçant de ce fait les partis pris narratifs et esthétiques de Jean-Pierre Améris : la demeure de Pierre-André est vaste, grise et froide. A l'inverse, la petite maison de Violette est chaude et colorée, pleine de meubles et d'objets en tout genre. De cet ensemble naissent des situations comiques, mais aussi parfois gênantes pour les personnages comme pour les spectateurs (les scènes dans la chambre à coucher notamment).

https://www.avoir-alire.com/une-famille-a-louer-la-critique-du-film

2/ Deux anecdotes autour du film

- *Une famille à louer* est né à la suite de la rencontre entre le réalisateur et sa coscénariste, Murielle Magellan. En effet, tous deux se sont rencontrés en 2008 alors qu'ils devaient adapter le roman "*La Joie de vivre*" pour la télévision puis... ils sont tombés amoureux l'un de l'autre. Ils ont alors eu l'idée d'écrire un film sur leur histoire, à savoir un homme pessimiste, qui a une idée de la famille assez négative mais qui va peu à peu s'ouvrir au bonheur qu'elle peut procurer en rencontrant une jeune mère et son enfant.
- Jean-Pierre Améris souhaitait plonger au coeur d'un véritable exercice de style, en ancrant son film dans une réalité plus proche du conte que de la vraie vie. Ainsi, à aucun moment du film, on ne peut apercevoir une rue ou une voiture. Le décor se limitant à trois maisons, celle de Paul-André, celle de Violette et celle de la mère.

3/ Le casting du film

Le réalisateur tenait à engager Benoît Poelvoorde car il avait beaucoup apprécié travailler avec lui et parce qu'il partage beaucoup de points communs avec le personnage qu'interprète ici le comédien : *« La maniaquerie, le fait d'arriver à la cinquantaine sans avoir d'enfants à soi, et ce double mouvement entre la peur et l'envie de se lier aux autres. Benoît fait passer tout cela par la comédie, par la tendresse, et je l'admire pour cela. »* Le metteur en scène a engagé Virginie Efira, car c'est une comédienne pleine de vie, qui peut être burlesque sans tomber dans la vulgarité.

http://www.allocine.fr/film/fichefilm-227102/secrets-tournage/

## Axe thématique

1/ L'importance de la famille

La famille constitue le premier et le plus important milieu social; la qualité de la vie adulte dépend grandement de la qualité des relations entre les membres de la famille. Certaines familles sont chaleureuses et stimulantes, d'autres sont ennuyeuses et froides; certaines deviennent même une menace continuelle pour la sécurité physique et psychologique de ses membres. Selon les découvertes de la nouvelle psychologie positive, la chaleur des relations humaines constitue l'un des piliers fondamentaux du bonheur authentique. La famille peut être, ou non, ce lieu d'apprentissage aux relations humaines chaleureuses. Pour ce faire, il est important que la famille ait un but commun : trouver un style de vie, construire un patrimoine, fournir la meilleure éducation possible aux enfants, transmettre les valeurs de la vie en société. L'objectif est aussi de permettre à chaque membre de développer son caractère, ses aptitudes et ses buts personnels uniques tout en facilitant l'entretien de liens étroits avec tous les membres de la famille.

http://www.journaldemontreal.com/2014/12/20/limportance-de-la-famille

2/ Les familles monoparentales

34,9 % des familles monoparentales, soit deux millions de personnes, disposent de revenus inférieurs au seuil de pauvreté à 60 % du revenu médian, contre 11,8 % des personnes vivant en couple selon les données 2015 de l'Insee. Si l'on considère le seuil à 50 % du revenu médian, le taux de pauvreté est de 20,3 % pour les familles monoparentales (1,2 million d'individus) et de 6,6 % pour les couples (2,4 millions de personnes). Dans 82 % des cas, ces familles sont constituées d'une femme seule avec des enfants (donnée 2014 de l'Insee). 44 % des femmes inactives à la tête d'une famille monoparentale sont pauvres (au seuil à 50 % du revenu médian), contre 14,1 % des pères seuls (actifs et inactifs). 15 % des mères actives de ces familles, souvent victimes de bas salaires, de temps partiels contraints, morcelés et peu rémunérés, vivent sous le seuil de pauvreté.

https://www.inegalites.fr/Famille-monoparentale-rime-souvent-avec-pauvrete

3/ Un témoignage

Apolline Delplanque, mère de 5 enfants, est chargée de communication dans une mairie de la région parisienne : « *La conciliation entre vie de famille et vie professionnelle est réussie lorsque chaque personne de la famille est épanouie et heureuse. Lorsque chacun trouve son équilibre. Jusqu'en 2004, je travaillais à temps complet, j'avais tendance à vouloir en faire trop. Mes enfants me réclamaient beaucoup. Je pense aujourd'hui avoir trouvé un bon équilibre, depuis que je suis passée à un travail aux quatre cinquièmes. Je peux consacrer le mercredi à mes enfants. Ce jour-là, ils rechargent leurs réservoirs affectifs et le reste du temps, ils sont moins accrochés à moi. Mais cet équilibre est fragile. Il faut faire attention à ce que tout le monde reçoive ce dont il a besoin à chaque moment. Il faut avoir l'esprit disponible quand on est avec eux et ne pas être là seulement pour les faire dîner et les mettre en pyjama. Les parents se doivent d'avoir le cœur disponible. Ils doivent offrir une qualité d'écoute réelle, avoir une présence active pour que chacun se sente accueilli.* »

http://opusdei.org/fr/article/concilier-vie-de-famille-et-vie-professionnelle/

# Leçon 10

## Le Havre

### L'immigration et la solidarité humaine

# Leçon 10 : Le Havre

## L'immigration et la solidarité humaine

Date de sortie : 21 décembre 2011
Réalisateur : Aki Kaurismäki
Acteurs : André Wilms, Kati Outinen, Jean-Pierre Darroussin
Genre : drame
Pays : film finlandais, allemand, français

### Activité 1 : Observez les cartes. Où se trouve Le Havre ?

________________________________________

________________________________________

________________________________________

### Activité 2 : Lisez le synopsis du film et répondez aux questions

Marcel Marx a abandonné ses ambitions d'écrivain, autant que sa vie de bohême. Il s'est installé au Havre, dans un vieux quartier, en compagnie d'Arletty et de sa chienne Laïka. Il gagne maintenant sa vie en cirant des chaussures à la gare. Il est témoin de la découverte par la police d'un conteneur rempli de clandestins africains. Un enfant parvient à s'échapper. Marcel part à la recherche du gamin et, lorsqu'il le retrouve, il l'héberge. Le petit Idrissa veut rejoindre sa mère en Angleterre. Mais comment ? Marcel et tout le quartier vont lui venir en aide, tandis que l'ambigu commissaire Monet et un voisin détestable rôdent dans les parages...
http://www.telerama.fr/cinema/films/le-havre,428105.php

a) Marcel vit seul, avec sa chienne. V / F
Justifiez : ________________________________________

b) Marcel ne travaille pas. V / F
Justifiez : ________________________________________

c) Qui est Idrissa et d'où vient-il ? ____________________________

d) Où veut aller Idrissa et pourquoi ? ____________________________

e) Qui va l'aider ? ____________________________________

## Activité 3 : Lisez les consignes, regardez la bande-annonce du film

http://www.allocine.fr/video/player_gen_cmedia=19263498&cfilm=173542.html

**a) Ecoutez et complétez le dialogue** :

**Le garçon :** *On ________à Londres ?*

**Marcel :** *C'est là où tu veux _______________ ?*

*C'est de l'autre ________. Ici c'est _____________*

**b) Notez les critiques des journaux :**

Le Monde : _________________________, Le Figaro : __________________________

Télérama : _____________________________________________________________

Libération : ____________________________________________________________

## Activité 4 : Remettez les événements dans l'ordre chronologique

A. Marcel accueille le garçon chez lui.
B. Arletty, la femme de Marcel, tombe malade et Yvette, la boulangère, l'amène à l'hôpital.
C. Little Bob, chanteur de rock, accepte de donner un concert de soutien.
D. Le garçon se cache dans le coffre du bateau de Francis et le commissaire utilise son autorité pour le sauver.
E. Un voisin de Marcel dénonce la présence du garçon à la police.
F. Le marin Francis est d'accord de transporter le garçon à Londres dans son bateau, mais il demande 3000 euros.
G. Dans le port du Havre, on trouve des immigrés clandestins dans un conteneur.
H. Marcel lit dans un journal que l'un des réfugiés du conteneur s'est évadé.
I. Arletty est guérie et Marcel la ramène à la maison.
J. Marcel découvre le petit évadé dans l'eau du port.
K. Marcel cherche le grand-père du garçon dans un camp des réfugiés.
L. Le commissaire Monet prévient Marcel de l'arrivée de la police dans le quartier.

| 1. | 2. | 3. | 4. | 5. | 6. | 7. | 8. | 9. | 10. | 11. | 12. |
|---|---|---|---|---|---|---|---|---|---|---|---|
| G | | | | | | | | | | | |

**Activité 5 : Caractérisez les personnages. Quel rôle jouent-ils dans l'histoire ?**

Marcel Marx : ___________________________________

___________________________________

___________________________________

___________________________________

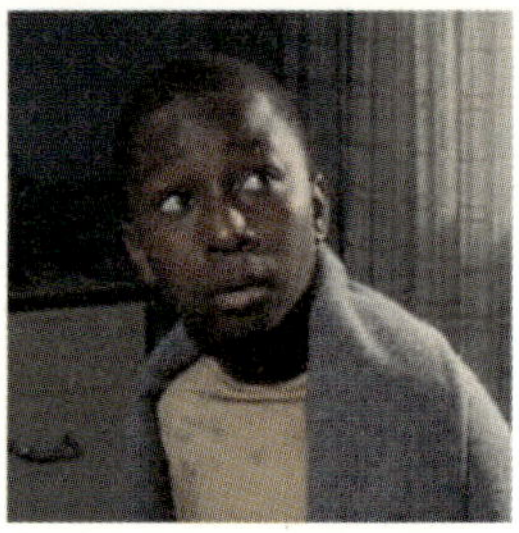

Idrissa : ___________________________________

___________________________________

___________________________________

Arletty : ___________________________________

___________________________________

___________________________________

Monet : ___________________________________

___________________________________

___________________________________

Yvette : ___________________________________

___________________________________

___________________________________

Claire : ___________________________________

___________________________________

___________________________________

Le voisin : ___________________________________

___________________________________

___________________________________

## Activité 5 : Lisez la critique

*Le Havre* raconte une histoire universelle mettant en avant les valeurs humaines telles que la solidarité. En français, le mot "havre" signifie "refuge". C'est sans doute pour cela que la ville et une poignée de ses habitants permettent à Idrissa de s'y réfugier. Le Havre apparaît également comme un refuge pour Marcel qui ne semble pas pouvoir vivre ailleurs.

Ce film est un subtil mélange des genres. Entre burlesque et théâtralité, le réalisateur finlandais signe un film à la fois ancré dans l'actualité (l'immigration, la jungle à Calais) et dans le passé. En effet, le quartier, les noms des personnages (Marcel, Arletty), la vieille Renault16 dans laquelle roule le commissaire... tout semblent venir d'une autre époque.

Soyons honnêtes, *Le Havre* est un ovni cinématographique dont le style pourrait dérouter un certain nombre de spectateurs. Entre générosité et nostalgie, le décalage burlesque mis en scène par Kaurismaki séduit par son engagement simple, efficace et sincère.

https://www.odysseeducinema.fr/film.php?id=233

**Comment comprenez-vous :**

a) une histoire universelle : ______________________________

______________________________

b) les valeurs humaines (solidarité, ...) : ______________________________

______________________________

c) un mélange des genres : ______________________________

______________________________

d) burlesque et théâtralité : ______________________________

______________________________

f) un engagement simple, efficace et sincère : ______________________________

______________________________

## Activité 6 : Echangez vos opinions

**Thème : L'immigration et la solidarité humaine**

La solidarité = sentiment d'un devoir moral envers les autres membres d'un groupe, fondé sur l'identité de situation, d'intérêts (Larousse)

- Quel personnage du film *Le Havre* vous paraissait-il le plus sympathique et pourquoi ?
- Que signifie pour vous être solidaire ?
- A votre avis, pour quels raisons les gens quittent leur pays ?
- Selon vous, quelles difficultés les immigrés rencontrent-ils dans leur pays d'accueil ?
- Il y a des immigrés dans votre pays ? Lesquels ? Pourquoi sont-ils venus ? comment sont-ils accueillis ?

**Documents annexes**

## Axe cinématographique

1/ Les procédés cinématographiques

Avec les « containers de réfugiés » et la jungle de Calais, Kaurismäki décrit une situation actuelle, mais il fait appel aux valeurs de la vieille France. Tous les prénoms comme le décor sont issus des années 1950. Surgit alors une France où l'on ne s'arrange pas pour avoir sa promotion personnelle, mais pour aider son semblable, où la première question posée à un étranger est : «As-tu faim ?». Les dialogues sont ciselés comme au théâtre. Des mots simples qui reflètent la poésie de leurs actes. Kaurismäki navigue dans l'éphémère éternel : gestes, musique, humour, couleurs : bleu, vert, rouge, et le jaune, la couleur de l'espoir : les fleurs sur la table, la robe d'été à l'hôpital, le manteau de pluie du pêcheur qui prend le large avec le petit Idrissa. *Le Havre* d'Aki Kaurismäki n'ouvre pas une fenêtre, mais un horizon !

http://www.rfi.fr/france/20111220-le-havre-aki-kaurismaki-meilleur-film-francais-annee-Jean-Pierre-Darroussin-Andre-Wilms-Marx-Arletty-Damia

2/ *Le Havre* – lieu de tournage

Un journaliste finlandais s'est rendu au Havre pour vérifier si la ville filmée par Kaurismäki existait toujours. Verdict : oui, mais plus pour très longtemps. Dans le film, Le Havre apparaît comme une vieille ville portuaire française, à l'environnement à la fois dur et chaleureux, où les vieilles maisons en briques rouges sont autant de refuges. Cette facette du Havre n'apparaît pas au premier coup d'œil. Le personnage principal, Marcel, travaille à la gare où, en réalité, on ne rencontre plus aucun cireur de chaussures. Pour retrouver la ville telle que l'a filmée Kaurismäki, il faut aller plus loin. C'est dans une rue un peu sombre que l'on découvre l'endroit où l'épicier vend un ananas au commissaire et où Yvette tient une boulangerie. Là, on devine une ancienne vidéothèque et, juste à côté, la vieille enseigne d'un garage.

www.courrierinternational.com

3/ Quelques anecdotes sur le tournage

Pourquoi la France ? Aki Kaurismäki explique que cette histoire sur la dégradation politique et sur la situation des réfugiés pourrait se passer dans n'importe quel pays européen, dont la Grèce, l'Espagne et l'Italie, pour leur situation économique très délicate. Sans savoir où tourner son film, le cinéaste a pris une voiture et a parcouru toute la côte, de Gênes aux Pays Bas, avant de décider que Le Havre correspondait le mieux à ce qu'il cherchait.

Aki Kaurismäki explique avoir choisi "l'irréalisme" pour montrer cette histoire très étroitement liée aux faits d'actualité. Il confesse ne pas avoir de réponses aux problèmes posés par Le Havre, ce qui ne l'empêche pas de vouloir représenter les conflits à sa façon, c'est-à-dire, non comme ils sont, mais comme ils pourraient être. Le réalisateur illustre son choix : *« J'ai toujours préféré la version du conte où le Petit Chaperon Rouge mange le loup et non le contraire, mais dans la vraie vie, je préfère les loups aux hommes pâles de Wall Street. »*

http://www.allocine.fr/film/fichefilm-173542/secrets-tournage/

## Axe thématique

1/ Une opinion

Les gestes de solidarité peuvent se faire dans la vie de tous les jours, auprès de nos proches, de nos amis, de nos collègues, de notre famille... mais aussi auprès de personnes inconnues, juste parce que cela fait du bien d'aider sans rien attendre en retour. La solidarité, c'est aussi : soutenir des causes qui nous tiennent à cœur, venir en aide à des personnes qui sont dans le besoin, tout ce qui peut nous toucher et nous donner envie de nous dépasser pour les autres. Si vous pensez que la solidarité nécessite de donner ou de faire des choses extraordinaires alors détrompez-vous, il n'existe pas de solidarité plus ou moins importante car chaque petit geste, chaque attention solidaire est importante en soi autant pour la personne qui donne, que pour celle qui reçoit.

https://skappy.co/blog/2015/12/18/les-bienfaits-de-la-solidarite/

2/ La crise migratoire

La crise migratoire en Europe fait référence à l'augmentation, dans les années 2010, du nombre de migrants — certains étant des réfugiés — arrivant dans l'Union européenne via la mer Méditerranée et les Balkans, depuis l'Afrique, le Moyen-Orient et l'Asie du Sud. L'Europe fait alors face à l'une des plus importantes crises migratoires de son histoire contemporaine. Des réfugiés syriens venant de Turquie se sont joints à ce mouvement, ce qui a amplifié le phénomène et provoqué une crise à l'échelle européenne. Durant la seule année 2015, plus d'un million de personnes sont entrés illégalement dans l'espace Schengen. Cette recrudescence cause des divisions et des tensions diplomatiques importantes entre les pays d'Europe.

https://fr.wikipedia.org/wiki/Crise_migratoire_en_Europe

3/ Le délit de solidarité

En avril 2016, Fernand Bosson, conseiller municipal et ancien maire d'une commune en Haute-Savoie, a été jugé par le tribunal correctionnel de Bonneville pour avoir hébergé, pendant deux ans, une famille kosovare déboutée du droit d'asile. En novembre 2016, s'est tenu le procès de Pierre-Alain Mannoni, chercheur et professeur d'université de Nice. Il avait transporté trois Erythréennes blessées pour les faire soigner. Dans la vallée de la Roya, entre l'Italie et la France, de nombreux migrants incapables de passer la frontière, restent bloqués et un collectif d'habitants s'est créé dans la région pour leur venir en aide. En août 2017, la cour d'appel d'Aix-en-Provence a condamné Cédric Herrou à quatre mois de prison avec sursis. Il est agriculteur de Breil-sur-Roya (Alpes-Maritimes), et il est un des militants de la solidarité et de l'aide aux migrants qui traversent la frontière italienne par la vallée de la Roya. Ces trois personnes ont commis le **délit de solidarité**. Selon une loi française sur le séjour des étrangers et le droit d'asile, qui date de 1945, «toute personne qui aura, par aide directe ou indirecte, facilité ou tenté de faciliter l'entrée, la circulation ou le séjour irrégulier d'un étranger en France» encourt jusqu'à cinq ans d'emprisonnement et 30 000 euros d'amende.

http://www.lemonde.fr/societe

*Nous affirmons avec Cedric Herrou que «c'est le rôle d'un citoyen, en démocratie, d'agir lorsqu'il y a défaillance de l'Etat». Nous réaffirmons la primauté absolue de la conscience morale sur l'ordre politique. Nous dirons et redirons, quoi qu'il en coûte, que le devoir de solidarité est sans compromis et au-dessus des lois.*

http://www.liberation.fr/debats

# Leçon 11

## Merci Patron !

### Les inégalités économiques et sociales

# Leçon 11 : Merci Patron !

### Les inégalités économiques et sociales

## Activité 1 : Observez l'affiche et les informations sur le film

**Date de sortie :** 24 février 2016
**Réalisateur :** François Ruffin
**Genre :** documentaire
**Pays :** film français

**Notez le sous-titre du film :**

______________________________________________

(Arnaquer = escroquer, truander, filouter, voler, plumer le pigeon)

**Commentez l'image sur l'affiche :**

______________________________________________

______________________________________________

______________________________________________

______________________________________________

## Activité 2 : Lisez le propos du réalisateur, répondez aux questions

Le metteur en scène, François Ruffin, explique dans quel contexte et pour quelles raisons sont nés son documentaire *Merci Patron* ! :

*« En tant que journaliste, cela fait plus de seize ans que je m'intéresse aux fermetures d'usines. Vivant à Amiens, une ville du Nord de la France, j'ai vu de nombreuses entreprises cesser leur activité, des gens occuper leurs locaux syndicaux, j'ai rencontré des personnes désespérées songeant à ouvrir leur bouteille de gaz. En abordant régulièrement ce sujet, j'ai été amené à croiser la route de Bernard Arnault et à dénoncer ses agissements. Il me restait encore pas mal de choses à dire, mais j'avais envie de changer de support et de registre. J'avais déjà abordé le cinéma, réalisé deux trois choses pour le net et donc l'idée de faire un film s'est concrétisée. »*

http://www.allocine.fr/film/fichefilm-243117/secrets-tournage/

a) Qui est François Ruffin ? ______________________________________________

b) A votre avis, quel est le sujet de ce documentaire ?

______________________________________________

## Activité 3 : Lisez la biographie de Bernard Arnault

Bernard Arnault est né dans le Nord de la France en 1949 dans une famille d'industriels. Son père Jean Arnault était propriétaire d'une entreprise de travaux publics. En 1971, Bernard sort de l'Ecole Polytechnique et sept ans plus tard, il reprend l'entreprise familiale. Après un séjour de 3 ans aux Etats Unis, il acquiert, successivement, la société de textile Boussac avec la marque Christian Dior, le grand magasin Le Bon Marché, l'enseigne de distribution Conforama ou encore, en 1984, le fabricant de couches Peaudouce. En 1989, il devient actionnaire majoritaire et PDG (Président-directeur général) du groupe LVMH (Louis Vuitton - Moët Hennessy). Aujourd'hui, ce groupe est le leader mondial du luxe possédant 3860 magasins de vins et spiritueux, de mode, de maroquinerie, de parfums, de cosmétiques, de montres et de joaillerie, avec plus de 125 000 employés. Avec une fortune estimée à 42 milliards de dollars américains, Bernard Arnault est actuellement l'homme le plus riche de France.

**Complétez la fiche personnelle de Bernard Arnault :**

Nom :________________ Prénom : ________________

Age : __________ Nationalité : ____________________

Etudes : ______________________________________

Profession : ___________________________________

Fortune : _____________________________________

## Activité 4 : Regardez la bande-annonce, puis choisissez ce que vous entendez

1. Ces gens sont des [visites] [parasites].
2. Vous avez quand même supprimé [2 000] [10 000] emplois.
3. Je lui en veux à mort parce qu'il y a plein de [garçons] [filles] au chômage à cause de lui.
4. Qu'est-ce qui reste de Bernard ? – Rien. Regarde ! C'est ça, la [preuve] [grève].
5. Comment vous faites pour vivre avec [3€] [30€] par jour ?
6. Qu'est-ce qu'il cherche à faire, Robin des Bois ? - Il va [prendre] [rendre] l'argent pour le donner aux pauvres.
7. Vous venez [de la gare] [de la part] de Bernard Arnault ?
8. Si vous ne payez pas, je fais une descente [dans la rue] [à Paris].

Saint-Frères : 'L'usine de tissage de toile de jute dans le département de la Somme, à Flixecourt à mi-chemin entre Abbeville et Amiens .

## Activité 5 : Regardez de nouveau la bande-annonce, puis appariez les phrases de l'activité 4 aux images ci-dessous

| 1. | 2. | 3. | 4. | 5. | 6. | 7. | 8. |
|---|---|---|---|---|---|---|---|
| | | | | | | | |

## Activité 6 : Lisez le synopsis et répondez aux questions

Pour Jocelyne et Serge Klur, rien ne va plus : leur usine à Poix-du-Nord, près de Valenciennes, fabriquait des costumes Kenzo, mais elle a été délocalisée en Pologne. Voilà le couple au chômage, criblé de dettes. Ils risquent désormais de perdre leur maison. C'est alors que François Ruffin, fondateur du journal Fakir, frappe à leur porte. Il est confiant : il va les sauver.
http://www.allocine.fr/film/fichefilm_gen_cfilm=243117.html

a) Qui sont Jocelyne et Serge Klur? ____________________

b) Où se trouve maintenant l'usine où ils ont travaillé ? ____________________

c) Pourquoi risquent-ils de perdre leur maison ? ____________________

d) Qui leur propose de l'aide ? ____________________

## Activité 7 : Visionnez les extraits, répondez aux questions et complétez

### Extrait 1 : Les problèmes des Klur (18'27"→ 23'18")

a) Les Klur ont travaillé dans une usine de textile qui a été fermée, et ont été licenciés. V / F
b) Depuis, ils sont dans une situation économique difficile. V / F
Justifiez : ______________________________

c) Serge Klur cherche un emploi depuis 2 ans. V / F
d) Ils vivent avec ______________ par mois.
e) Ils n'ont pas d'argent pour partir en vacances. F / V
Justifiez : ______________________________

### Extrait 2 : La lettre de réclamation (31'30"→ 33'57")

a) A qui les Klur adressent-ils leur lettre ?

______________________________

b) Quelle somme d'argent demandent-ils ?

______________________________

c) Avant quelle date attendent-ils la réponse ?

______________________________

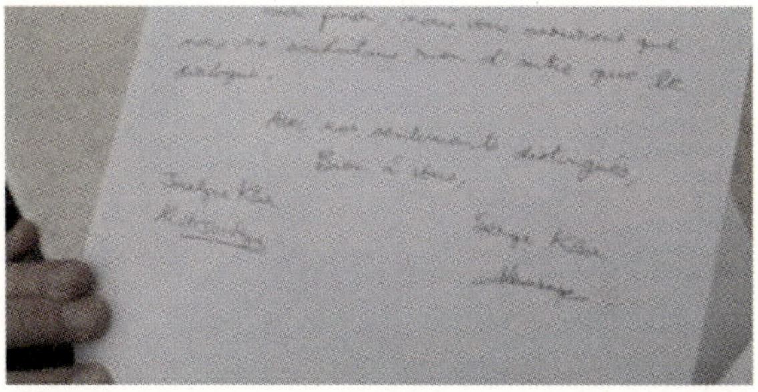

### Extrait 3 : Comment les Klur ont utilisé l'argent obtenu de Bernard Arnault (1h04'50"→ 1h05'15")

*poêle à charbon, papier peint, grillage, coiffure*

a) Ils ont installé un nouveau ______________ devant la maison.

b) Jocelyne s'est fait faire une nouvelle ______________.

c) Ils ont collé du ______________ sur les murs de leur cuisine.

d) Ils ont acheté un ______________ pour remplacer le vieux qui ne marchait plus.

## Activité 8 : Echangez vos opinions

**Thème : Les inégalités économiques et sociales**

- En France, les plus aisés (1% de la population) possèdent 25% des richesses nationales. Que pensez-vous de ces inégalités économiques ? Quelle est la situation dans votre pays ?
- Pour augmenter leurs bénéfices, des entreprises licencient leurs employés et délocalisent leurs usines dans des pays à faible coût de production. Est-ce aussi le cas des entreprises dans votre pays ? Qu'en pensez-vous ?

## Documents annexes

# Axe cinématographique

1/ La personnalité de François Ruffin

Le journaliste François Ruffin a remis son César du meilleur documentaire pour *Merci Patron* !, reçu le 24 février 2017, à des ouvriers de l'usine Whirlpool qui s'opposent à la délocalisation de leur usine en Pologne. *« On dit 'rendre à César ce qui appartient à César'. Mais moi, je voudrais 'rendre au peuple ce qui appartient au peuple' ! »*, a expliqué le candidat aux élections législatives.

http://www.europe1.fr/culture/amiens

Aux législatives en juin 2017, François Ruffin a été élu député dans le département de la Somme. Il a recueilli près de 56 % des voix. Il entre donc à l'Assemblée Nationale dans le groupe de "La France Insoumise".

https://www.youtube.com/watch?v=k2bfN3cNd48

2/ Le montage du documentaire

*Merci patron*, entre farce et tragédie, se construit sur une véritable dramaturgie et repose sur une construction en actes. Le travail de montage fut par ailleurs colossal avec plus de 150 heures de rushes où il fallait préserver la tension du récit et savoir quels temps forts garder. Il a fallu déterminer les nœuds de l'histoire, travailler le rythme afin de rester dans une forme de suspense haletant. Le réalisateur voulait aussi laisser la place à l'autre, à ce qu'il amène en termes de témoignages ou de culture populaire.

3/ Par l'humour

Pour témoigner de ces drames sociaux, François Ruffin a fait le choix de l'humour. Un choix à mettre en parallèle avec les questions suivantes : comment, lorsque l'on traite au quotidien ces drames sociaux, se remobiliser et remobiliser les autres ? Comment continuer à être habité par un sentiment de révolte alors que ces fermetures sont devenues l'ordinaire ? Pour le cinéaste, l'humour représente une voie à explorer pour justement casser ce côté "banalisation des drames sociaux" et pousser à l'action.

4/ Filmer les Klur

Contrairement à ce que l'on pourrait penser étant donné leur situation de forte pauvreté, il n'a pas été difficile pour François Ruffin de convaincre le couple Klur de « jouer le jeu », comme il en témoigne : *« La première fois que je rentre chez eux, on tourne déjà. Pour une raison qui est presque une mauvaise raison. Ils sont tellement dans la merde qu'ils n'ont plus rien à perdre. Ils ont confiance en Marie-Hélène Bourlard qui, par ailleurs, a confiance en moi. Comme le début d'une chaîne de solidarité. Une fraternité qui se met en place dans l'action et non pas dans la théorie. »*

5/ Le mode de production

Le tournage s'est fait en autoproduction et l'équipe s'est ensuite tournée vers la société Mille et une productions. *« Nous aurions pu continuer l'aventure sans aucune aide mais il me semblait important de réintégrer un circuit « normal » de cinéma. Compte tenu de ce que j'avais comme film, je ne voulais pas que celui-ci reste dans un mode « ghetto ». Je connais ce « ghetto », j'en suis et ce n'est pas volontairement que j'y travaille. Mais je crois que c'est le lot d'un journaliste social et politisé. Mais très vite j'ai su et j'ai voulu que «* Merci patron *» soit montré et vu par un maximum de spectateurs »*, se souvient François Ruffin.

http://www.allocine.fr

## Axe thématique

1/ L'industrie textile

Le secteur du textile est relativement instable, car il dépend directement du prix des matières premières. L'accord, certainement le plus important de la filière textile, était l'AMF (l'Autorité des Marchés Financiers). Il protégeait les pays du Nord contre les pays du Sud ou les pays émergents, capables de proposer des coûts de production beaucoup plus bas. Aujourd'hui l'AMF n'existe plus et les clients importateurs sont donc libres de choisir directement leurs fournisseurs. Etant donné les bas coûts que propose la Chine, cette nouvelle règle internationale a donc surtout joué en faveur de cette dernière, au détriment de l'Europe. Cette concurrence venant tout droit d'Asie a touché directement le textile français. Entre 1990 et 2012, la France a dû faire face à une baisse considérable: -70% de la production de l'industrie du textile français. Par conséquent, le pays en crise a dû également faire face à des licenciements de masse.

http://www.exaplace.com/retour-declin-secteur-textile

2/ Les inégalités entre les riches et les pauvres

Un rapport sur les inégalités mondiales en 2018 alerte sur un accroissement à venir d'une inégale répartition des richesses entre les plus riches et le reste du monde, principalement si les pays suivent la politique américaine. En 40 ans, les inégalités de richesse se sont creusés dans quasiment toutes les régions du monde et en particulier dans les économies qui se sont libéralisées dans les années 1990, comme les États-Unis, la Chine ou encore la Russie.
https://www.franceinter.fr/economie

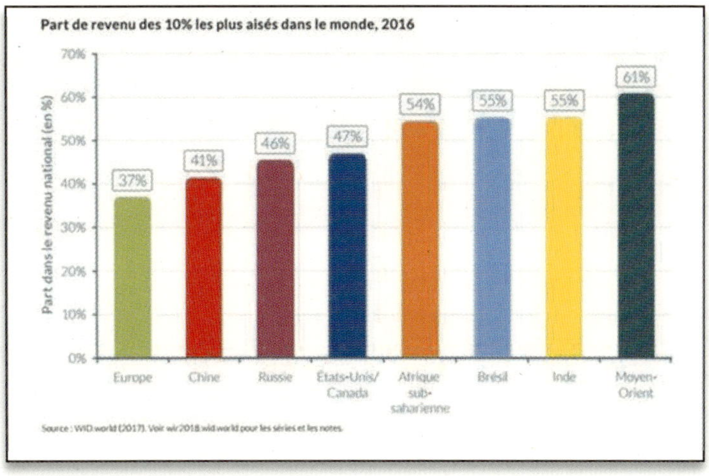


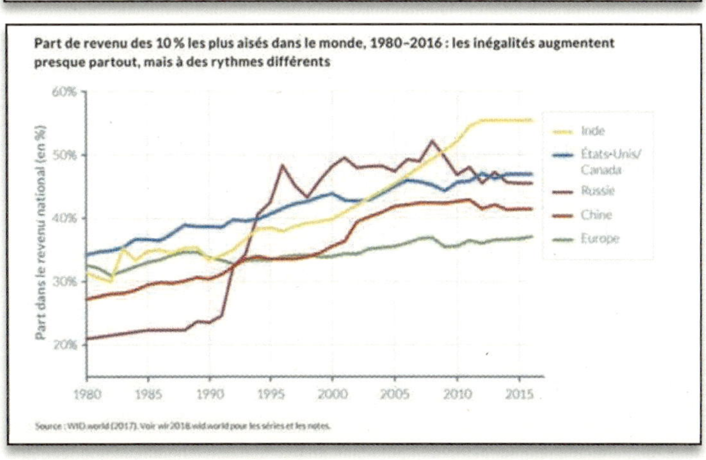


La répartition du patrimoine est profondément inégale en France. Selon le rapport sur les inégalités en France paru en mai dernier, 47% du patrimoine total, près de la moitié, est détenue par les 10 % des Français les plus fortunés. Ces inégalités se transmettent de génération en génération, notamment par l'immobilier qui constitue une grande part des richesses (61%, contre 39% pour les actifs financiers). Les écarts de revenus dans la population sont, eux, bien moins importants : les 10% les plus riches reçoivent 27,3% des revenus.

http://www.parismatch.com

Les 1 000 pages du best-seller de l'économiste Thomas Piketty, *le Capital au XXI^e siècle,* publié en 2013, avaient fait sensation en démontrant à quel point le capitalisme est, par nature, une machine à fabriquer des inégalités de richesse.

# Leçon 12

## Les garçons et Guillaume, à table !

### L'éducation des filles et des garçons

## Leçon 12 : Les garçons et Guillaume, à table !

### L'éducation des filles et des garçons

**Date de sortie :** 20 novembre 2013 (1h 27min)
**Réalisateur :** Guillaume Gallienne
**Acteurs :** Guillaume Gallienne, André Marcon, Françoise Fabian
**Genre :** comédie
**Pays :** film français

### Activité 1 : Commentez le titre du film

______________________________________________

______________________________________________

### Activité 2 : Lisez le synopsis et notez le sujet de ce film

Alors qu'il se démaquille dans la loge d'un théâtre, Guillaume se remémore les souvenirs de son adolescence passée auprès d'une mère aimante, à la fois élégante et vulgaire. Son attitude efféminée a toujours valu à Guillaume d'être considéré par tout le monde comme la fille que sa mère n'a jamais eue. La preuve : lorsque sa mère battait le rappel du dîner le soir, elle criait : « Les garçons et Guillaume, à table !». Puis, au téléphone, avant de raccrocher, elle disait parfois : « *Je t'embrasse ma chérie* »... Guillaume, fasciné par sa mère, grandit dans le fantasme d'être une fille. Au nom du préjugé selon lequel un garçon efféminé est forcément homosexuel, ses parents et ses frères croient savoir où iront ses préférences. Puis, devenu adulte, Guillaume tombe amoureux d'une fille.
http://www.telerama.fr/cinema/films/les-garcons-et-guillaume-a-table,440077.php

**Le sujet :** ______________________________________________

______________________________________________

### Activité 3 : Regardez la bande-annonce du film et complétez

http://www.allocine.fr/video/player_gen_cmedia=19538962&cfilm=180103.html

*fille, gestes, imiter, glacial, défaut, prendre, rencontré, parler, géniale, merveilleuse, chaleur*

Elle est________________, ma mère. Je crois qu'elle n'a aucun______________.
Elle oscille toujours entre une très grande ________________ et un froid ______________.
J'arrive hyper bien à l'________________, ma mère. Ces____________, sa manière de ______________, c'est génial. Le seul qui ne se fait pas ____________, c'est mon père.
Je ne sais pas pourquoi, mais il ne veut pas que je sois une _____________.
Cette pension était ____________________. Et puis c'est là où j'ai ______________ Jeremy.

## Activité 4 : Relier les deux parties de chaque phrase

1. Guillaume veut apprendre l'espagnol,
2. Il arrive dans une petite ville près de Séville
3. A la feria, les gens se moquent de lui
4. Puisque le père n'aime pas voir Guillaume déguisé en fille,
5. Dans la pension, Guillaume doit faire du sport
6. Guillaume fait ses études dans une école privée en Angleterre
7. Guillaume réussit d'éviter le service militaire,
8. Dans un pub homosexuel, Guillaume se rend compte
9. Guillaume rencontre la femme de sa vie,

A. parce qu'il danse la sévillane comme une fille.
B. il l'envoie dans une pension de garçon dans une école chrétienne.
C. où il tombe amoureux de Jeremy.
D. puis il prend des séances de psychothérapie.
E. et se fait traiter de « pédale ».
F. puis il annonce à sa mère qu'il va se marier.
G. donc sa mère l'envoie à un séjour linguistique.
H. où il est accueilli par Paqui qui ne parle pas français.
I. qu'il a peur des hommes rudes.

| 1. | 2. | 3. | 4. | 5. | 6. | 7. | 8. | 9. |
|---|---|---|---|---|---|---|---|---|
| | | | | | | | | |

## Activité 5 : Répondez aux questions sur Guillaume

a) Il vit son adolescence dans une famille aisée. V / F
Justifiez :

________________________________________

________________________________________

b) A-t-il des frères et des sœurs ? Comment sont-ils/elles?

________________________________________

c) Il aime observer les femmes. Pourquoi ?

________________________________________

d) Comment Guillaume s'explique-t-il que sa mère n'est pas contente quand il lui annonce son mariage ?

________________________________________

## Activité 6 : Ecrivez des légendes sous les photos du film

## Activité 7 : Lisez la critique du film

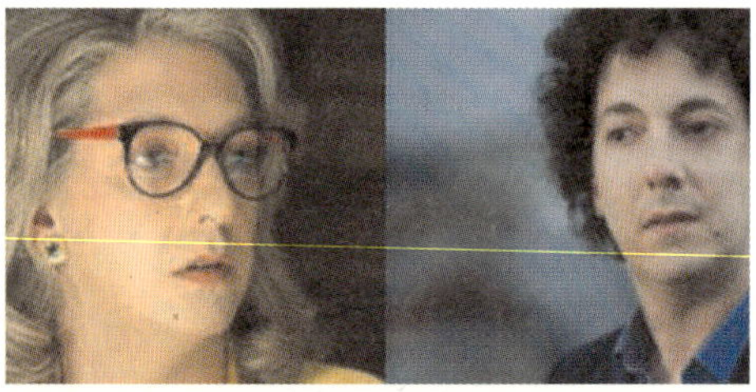

Guillaume Gallienne retrace son enfance de <u>petite fille enfermée dans un corps de garçon</u>. Education bourgeoise, relations familiales compliquées, <u>brimades à l'école</u>, premières amours : il raconte tout de sa vie, dévoile ses pensées et interrogations les plus intimes, <u>sans aucun tabou</u>. Au centre du film : le personnage de sa mère interprété par... lui-même ! Il parvient à humaniser cette femme dure mais aimante, froide mais attentive. Il montre la construction de l'identité sexuelle d'un individu à travers la relation mère-fils. Le film soulève des questions sociales et psychologiques profondes. Homo, hétéro, fille, garçon : Guillaume Gallienne bouscule nos certitudes, notre manie de ranger les gens dans des cases et de leur coller des étiquettes. On en ressort certes chamboulés, mais grandis. Un film d'utilité publique en somme. www.aufeminin.com

**Comment comprenez-vous… ? Donnez des exemples du film.**

a) petite fille enfermée dans un corps de garçon

______________________________________________

b) brimades à l'école

______________________________________________

c) il raconte… sans aucun tabou

______________________________________________

d) ranger les gens dans des cases et de leur coller des étiquettes

______________________________________________

e) On en ressort certes chamboulés, mais grandis.

______________________________________________

## Activité 8 : Le succès du film

Le film triomphe à la 39e cérémonie des César avec cinq César, et Guillaume Galienne reçoit quatre César personnels, devenant la personne la plus récompensée en une seule soirée !

**Pensez-vous que Guillaume mérite tous ces prix ?**
**Oui / non ? Pourquoi ?**

______________________________________________

______________________________________________

______________________________________________

______________________________________________

## Activité 9 : Echangez vos opinions

**Thème : L'éducation des filles et des garçons**

- Pensez-vous que les femmes et les hommes sont différents ? Oui/non, expliquez.
- Dans votre pays, les filles et les garçons reçoivent-ils une éducation différente ? Oui/non, pourquoi ? Donnez votre opinion.
- Que pensez-vous des relations entre la mère et ses enfants / le père et ses enfants dans votre pays ?
- Comment allez-vous éduquer vos enfants un jour ?

### Documents annexes

## Axe cinématographique

1/ La biographie du réalisateur

Guillaume Gallienne est né en 1972 dans une famille de la grande bourgeoisie parisienne. Sa mère, issue de l'aristocratie russo-géorgienne a épousé un riche homme d'affaires français. Enfant, il se sent en décalage par rapport à l'image que lui renvoie son père, autoritaire, cultivé et grand sportif. Ces frères sont sportifs, mais Guillaume, nul en sport, imite sa mère et se déguise en femme. Il reçoit une éducation stricte, il fait ses études secondaires dans un pensionnat anglais. Une fois bachelier, Guillaume décide de devenir comédien, mais, pour ne pas fâcher son père, il fait des études d'histoire qu'il poursuivra jusqu'à la maîtrise. Il est ensuite admis au Conservatoire national supérieur d'art dramatique et en 1998, il entre à la Comédie-Française. En 2005 il se marie avec Amandine, pour qui il avait eu le coup de foudre en 2001. De leur union naît en 2008 un petit Tado. En 2008 il joue le spectacle autobiographique, intitulé *Les Garçons et Guillaume, à table !* Et il obtient le prix Molière de la Révélation théâtrale masculine. https://www.gala.fr/stars_et_gotha/guillaume_gallienne

2/ La confidence de l'acteur

*« Quand j'étais enfant,* ma mère disait *: « Les garçons* **et** *Guillaume ». Ce "et" m'a fait croire que pour rester unique aux yeux de cette Maman sans tendresse mais extraordinaire, pour me distinguer de cette masse anonyme qu'étaient les garçons, il ne fallait surtout pas que j'en sois un. J'ai tout fait pour être une fille, donc, et quel meilleur modèle que ma mère ? C'est ainsi que j'ai commencé à jouer, dès que je me suis mis à l'imiter. Peu à peu, j'ai pris la même voix qu'elle, les mêmes gestes, les mêmes expressions. Je ne suis pas devenu efféminé, mais féminin, m'appropriant Maman. Puis tous les personnages féminins qui m'attiraient. C'était ma manière à moi de les aimer, de m'oublier, de me laisser fasciner. »*

3/ Une déclaration d'amour

Guillaume Gallienne considère son premier film comme une déclaration d'amour aux femmes en général et plus précisément à sa mère. Cette dernière est d'ailleurs l'une des causes principales de cette adaptation, comme le précise le metteur en scène : *« Il aurait été frustrant que* Les Garçons et Guillaume, à table ! *ne vive que sous la forme d'une pièce, alors que je l'ai toujours imaginé comme un film. Il faut pouvoir regarder Maman de près pour comprendre ce qui l'anime. Pour la ressentir encore plus fortement. ... C'est très beau, au cinéma, cette capacité de pouvoir s'attarder soudain sur la fragilité d'un regard, l'irrésolu d'un geste, l'incongru d'une expression. Ajouter, au rythme précis de la comédie, la richesse des émotions humaines par la grâce des mots, mais aussi des corps, de ce que l'on saisit d'eux. Grâce au cinéma, je vais pouvoir rendre à ma mère la douceur que je ne pouvais pas lui donner au théâtre. »*

4/ Le double rôle

4 heures de maquillage étaient nécessaires pour transformer Guillaume en "Maman". L'équipe de tournage était tellement abasourdie par tant de ressemblance qu'elle avait l'impression de travailler avec deux personnes distinctes : *« Grande stupeur de l'équipe, un brin troublée, déstabilisée, parce qu'elle devait s'adapter à ces changements d'identités, qui n'en finiront plus... »*, confie Claude Mathieu, collaboratrice artistique.

http://www.allocine.fr/film/fichefilm-180103/secrets-tournage/

## Axe thématique

1/ La différence entre les filles et les garçons

Les filles et les garçons sont-ils si différents ? N'est-ce pas nous, parents, qui perpétuons les inégalités ? Qu'un jeune garçon plébiscite la danse classique, qu'une fillette veuille se plier aux lois de la boxe française, les parents sont souvent déconcertés, quel que soit leur idéal d'égalité. Et toujours plus lorsqu'il s'agit du garçon. « *Je me disais qu'on écouterait les désirs de chacun pour les activités. Mais c'est vrai que lorsque mon fils m'a demandé d'apprendre la couture, je me suis écriée* : « *Mais c'est pour les filles!* » évoque Estelle, mère d'un garçon et de deux filles. «*Après, je me suis fait la réflexion qu'aujourd'hui beaucoup de grands couturiers sont des hommes.*» Pourtant l'écart entre filles et garçons tend à rétrécir. «*Pour les tâches de la maison, on essaie de ne pas faire de différences, illustre ainsi Sophie, mère de famille. Je pense à la future femme de mon fils, et je ne veux pas du stéréotype du gars qui rentre du boulot et lit son journal…*» Faut-il pour autant «forcer» le trait, comme s'y attelle une crèche de Saint-Ouen, en région parisienne, ayant pour ambition de ne faire «aucune différence» entre les filles et les garçons ? On y voit des petits garçons envoyés à l'atelier poupée, les filles marteaux en main qu'on aide à enfoncer de vrais clous, une pédagogie inspirée du modèle préscolaire suédois, qui cherche à transmettre des savoir-faire, mais aussi de valeurs, sans différencier les sexes.

https://www.la-croix.com

1/ Vers une éducation égalitaire

La multiplication d'actions de lutte contre le sexisme (= adhésion à des croyances discriminatoires ou préjudiciables basées sur le sexe) incite parents et éducateurs à réfléchir sur une éducation plus égalitaire et une chasse ouverte à tous les stéréotypes liés au sexe. Pourquoi ? Avis d'une psychanalyste d'enfant : Traditionnellement, et dans toutes les cultures, les hommes ont utilisé les différences à leur profit, assignant aux femmes une position passive et soumise dans la société. C'est contre cette dévalorisation séculaire que luttent les tenants d'une éducation "unisexe". Mais la tâche n'est pas facile : La société, la culture, les médias, les contes de fées, proposent aux enfants des héros et des jouets "sexués", qui sont autant de repères et de supports identificatoires. Marginaliser son enfant en lui refusant les normes sociales communément admises peut le rendre très malheureux. Même si les parents s'opposent aux stéréotypes sociaux et rejettent "les lois du marketing", ses grands-parents, sa famille, ses copains, sa maîtresse, etc., vont lui proposer une certaine représentation sociale du masculin et du féminin à laquelle il se conformera, qu'on le veuille ou non…

2/ Les fausses idées des parents

Beaucoup de parents s'imaginent qu'un garçon qui aime jouer à la poupée ou danser va devenir homosexuel. Or, l'homosexualité est un mécanisme inconscient, qui se rapporte à la sortie du complexe d'Œdipe, à la façon dont l'enfant tisse des liens inconscients avec ses deux parents, à la place symbolique que tiennent son père et sa mère dans la famille. Cela n'a rien à voir avec des principes éducatifs volontaires. Il ne sert à rien de vouloir imposer un modèle de masculinité ou de féminité. Si les parents envoient leur fils à la danse et leur fille à la boxe parce qu'ils pensent que c'est sympa de développer la grâce gestuelle de l'un et la combativité physique de l'autre, pourquoi pas ? Le danger, c'est lorsque les parents suivent cette mode parce que, inconsciemment, ils désirent un enfant de l'autre sexe.

http://www.psychologies.com

# Leçon 13

## Je vous trouve très beau

### Le mariage d'amour ou le mariage de raison

# Leçon 13 : Je vous trouve très beau

### Le mariage d'amour ou le mariage de raison

**Date de sortie :** 11 janvier 2006 (1h 37min)
**Réalisateur :** Isabelle Mergault
**Acteurs :** Michel Blanc, Medeea Marinescu
**Genre :** comédie dramatique
**Pays :** film français

## Activité 1 : Décrivez l'affiche

______________________________________________

______________________________________________

## Activité 2 : Lisez le synopsis et rétablissez la vérité

Aymé Pigrenet vient de perdre sa femme. Il n'est pas submergé par le chagrin, mais anéanti par le travail qu'il va devoir désormais effectuer tout seul à la ferme. Très vite, Aymé s'aperçoit qu'il ne peut pas s'en sortir. Il doit impérativement trouver une autre femme. Mais dans ce village, la chose n'est pas facile. Il décide alors de faire appel à une agence matrimoniale. Contrairement aux autres "clients", il ne recherche pas l'amour mais seulement une femme solide, bien plantée sur ses deux jambes, susceptible de l'aider à la ferme. La directrice de l'agence propose à Aymé de se rendre en Roumanie, où des filles sont prêtes à tout pour quitter la misère dans laquelle elles vivent. Et c'est effectivement en Roumanie, qu'Aymé va rencontrer Elena...

a) Aymé Pigrenet est un agriculteur. V / F
b) Il vit seul parce qu'il est divorcé. V / F
c) Il cherche une femme pour qu'elle travaille avec lui à la ferme. V / F
d) Elena est française. V / F

## Activité 3 : Décrivez les personnages principaux du film

Aymé : ______________________________

______________________________

______________________________

Elena : ______________________________

______________________________

______________________________

## Activité 4 : Regardez la bande-annonce du film <u>sans le son</u> et cochez les bonnes réponses

http://www.allocine.fr/video/player_gen_cmedia=18405034&cfilm=59132.html

a) Qu'est-ce que Aymé sait faire ?

- ◯ Laver la vaisselle
- ◯ Faire la lessive
- ◯ Cuisiner
- ◯ Conduire un tracteur

b) Qu'est-ce que Elena fait à la ferme ?

- ◯ Elle étend le linge.
- ◯ Elle travaille à la fourche.
- ◯ Elle conduit le tracteur.
- ◯ Elle apporte à manger dans les champs.

c) Qu'est-ce que Elena fait d'autres ?

- ◯ Elle s'amuse, danse et rit
- ◯ Elle prend des photos
- ◯ Elle se dispute avec Aymé
- ◯ Elle fait du vélo.

## Activité 5 : Remettez les actions du film en ordre

A. Aymé désespère, car il y a trop de travail dans la ferme pour une seule personne.
B. Elena travaille à la ferme mais elle ne se sent pas chez elle, et sa fille lui manque.
C. Aymé va en Roumanie avec la directrice de l'agence.
D. Elena se rend compte de la supercherie d'Aymé et le rejoint en France avec sa fille.
E. Aymé visite une agence matrimoniale.
F. La femme d'Aymé est morte électrocutée.
G. En Roumanie, Aymé choisit Elena, puis la ramène en France.
H. Elena retourne en Roumanie et investit l'argent dans une école de danse.
I. Aymé retire tout son argent de la banque et fait croire à Elena qu'elle a gagné au tiercé.

| 1. | 2. | 3. | 4. | 5. | 6. | 7. | 8. | 9. |
|---|---|---|---|---|---|---|---|---|
| F | | | | | | | | |

## Activité 6 : Regardez l'extrait 1 (12'14 →13'45''), puis répondez aux questions

a) Aymé aime-t-il la musique classique et le théâtre ? ______________________________

b) Selon la directrice de l'agence, quelle femme faudrait-il à Aymé ?

______________________________________________________________

c) Qu'est-ce que la future épouse d'Aymé devrait savoir faire ?

- ______________________________________________________
- ______________________________________________________

d) Comment devrait-elle être ? ______________________ , ______________________

e) Aymé préfère-t-il les femmes blondes ou brunes ? ______________________________

## Activité 7 : Ecrivez des commentaires des photos

## Activité 8 : Lisez la critique d'un spectateur

"*Je vous trouve très beau*" est un film tendre qui est fait pour sensibiliser le spectateur critique. Derrière une comédie toute simple se cache un véritable propos sur la condition des femmes en Roumanie. Ce film défend la cause féministe si chère à Madame Mergault. Michel Blanc et Medeea Marinescu embellissent ce film et nous font rire et pleurer. La vie à la ferme est montrée avec dérision et n'attaque en aucun cas le statut des agriculteurs, au contraire, elle les défend en illustrant la rudesse de la vie rurale. Tout ceci transporté par une légèreté comique et une profondeur sentimentale, les dialogues mordants et drôles et une histoire creusée. http://www.allocine.fr/film/fichefilm-59132/critiques/spectateurs/

**Comment comprenez-vous les expressions suivantes ?**

a) Sensibiliser le spectateur critique

________________________________________

b) La condition des femmes en Roumanie

________________________________________

c) La rudesse de la vie rurale

________________________________________

d) Les dialogues mordants

________________________________________

e) Une histoire creusée

________________________________________

## Activité 9 : Echangez vos opinions

**Thème : Le mariage d'amour ou le mariage de raison**

« Aymé ne recherche pas l'amour mais seulement une femme solide, bien plantée sur ses deux jambes, susceptible de l'aider à la ferme. » (Synopsis du film)
Ce type de mariage se nomme le *mariage de raison* ou le *mariage d'intérêt*, où les intérêts priment sur les sentiments, en opposition au *mariage d'amour*.

- A votre avis, Elena cherche-t-elle également un mariage de raison ?
- Dans votre pays, quel type de mariage est-il majoritaire ? Pourquoi ?
- Quel type de mariage préférez-vous et pourquoi ?

**Documents annexes**

## Axe cinématographique

1/ L'idée du film

L'idée du film est venue à l'esprit d'Isabelle Mergault en regardant un reportage à la télévision. Celui-ci portait "*sur des hommes qui vivaient à la campagne dans la solitude la plus complète et qui étaient prêts à tout pour rencontrer l'amour*". Pour la scénariste Isabelle Mergault, réaliser un long métrage n'allait pas de soi. *« Je n'avais jamais réalisé, explique-t-elle, et je n'en avais même pas l'idée. C'est le producteur Jean-Louis Livi et Michel Blanc qui m'ont proposé de mettre en scène. Jean-Louis Livi a eu un argument qui m'a touchée. C'est vrai qu'en tant que scénariste, parfois, on ne retrouve pas forcément tout ce qu'on a voulu mettre dans la réalisation d'un autre. Il m'a dit : "Au moins, si tu te trahis, tu ne trahiras que toi. »*

2/ Le casting du film

Pour le rôle d'Elena, Isabelle Mergault et la production auditionnèrent de nombreuses jeunes filles originaires d'Europe de l'Est. Medeea Marinescu était la seule à ne pas parler français. Elle fit ses essais en ayant appris son texte phonétiquement et s'en sortit admirablement bien. La cinéaste se souvient de sa performance : *« Sans la maîtrise de la langue, elle parvenait déjà à être émouvante, drôle, et l'ampleur de son potentiel de jeu se devinait déjà. »* Très vite, dès les premiers jours de tournage, les deux acteurs principaux avaient du mal à communiquer... Leur langue maternelle n'étant pas la même, l'ambiance sur le tournage n'etait pas au beau fixe. C'est le piano qui allait finalement réunir ces deux-là et les rendre inséparables. Pianiste de haut niveau, Medeea a joué un air de Chopin devant son partenaire... qui en fut totalement chamboulé.
Pour le rôle d'Antoine, le jeune homme muet, Isabelle Mergault fit appel à Benoît Turjman, dont c'est ici la première apparition à l'écran. Celui-ci fut retenu en raison de sa formation à l'école de mime Marcel Marceau. Le comédien confie : *« Ce rôle demandait un jeu qui passait autant par le physique que par les mots. »* http://www.allocine.fr/film/fichefilm-59132/secrets-tournage/

3/ Les lieux du tournage

Dès le départ, la production souhaita privilégier les tournages en extérieurs. Pour le producteur Jean-Louis Livi, "*cela contribua énormément au climat de l'histoire mais ça compliqua aussi la logistique. Le film n'aurait jamais eu cette atmosphère si nous avions tourné en région parisienne ou en studio.*" Pour son premier film, Isabelle Mergault eut donc droit aux problèmes de météo et aux facéties des animaux de la ferme. http://www.allocine.fr/film/fichefilm-59132/secrets-tournage/

4/ L'actrice Medeea Marinescu parle de Michel Blanc

« *Il était extrêmement juste et correct. Vous me direz, qu'y a-t-il de « juste » dans l'art ? En effet, dans un domaine tellement imprégné par la subjectivité, la justesse peut faire la différence entre les bons acteurs et les très bons. Michel observait avec délicatesse tout ce qui se passait pendant le tournage. L'influence de ses très fines observations se retrouvait dans les scènes que nous étions en train de jouer. Il manifestait une exigence particulière pour les détails, attitude que j'avais ressentie et qu'il me transmettait surtout dans sa collaboration avec moi, au-delà des mots que moi, la petite* fille de l'Est, *maîtrisait si peu.* » https://lepetitjournal.com/bucarest/communaute/medeea-marinescu

## Axe thématique

1/ L'histoire du mariage en Europe

Même si le mariage chrétien suppose le consentement des époux, les pesanteurs sociales, la nécessité de préserver le patrimoine et, au XIXe siècle, les impératifs du mode de vie bourgeois ont longtemps fait prévaloir le mariage arrangé. La paysannerie propriétaire et la bourgeoisie choisissaient le futur conjoint ou la future épouse dans le même milieu, afin de conforter le statut social de la famille. Passer outre le consentement des parents, la majorité matrimoniale étant fixée à 25 ans, était socialement risqué pour les jeunes gens aisés. Or plus on avance dans le XIXe siècle, plus il est difficile d'imposer un conjoint. Les jeunes filles acquièrent le pouvoir de dire non.

http://www.lhistoire.fr/la-r%C3%A9volution-du-mariage-damour*

2/ Le mariage d'amour ou de raison, que choisir ? (Forum Internet)

Une éternelle question que je me pose à force de grandir....je me dis qu'on idéalise peut-être trop les mariages d'amour, vecteur de réussite dans un couple ? Quand je regarde mes grands-parents qui se sont rencontrés juste avant leur mariage (de raison) et ma mère qui s'est mariée par amour à mon père en lui pardonnant, par la suite, des défauts...je me dis que les mariages de raison sont peut-être la clé de réussite d'un couple qui dure. En effet l'amour va et vient, s'intensifie, mais peut s'éteindre à tout moment et basculer parfois dans la haine (la frontière est mince). Et puis, dans les mariages d'amour...si tu enlèves l'amour, que reste-il ? Alors que pour les mariages de raison, l'amour se cultive avec le temps. Donc voilà, je me pose la question...si ma future remplit les critères même sans amour... d'autant plus que je connais beaucoup d'amis qui la trentaine passée n'ont jamais connu l'amour !

https://www.yabiladi.com/forum/mariage-d-amour-raison

3/ Le mariage d'amour a-t-il échoué?

*«Depuis l'instauration du mariage d'inclination (d'amour), il y a une quarantaine d'années, cette institution est en crise. On se marie de moins en moins et on divorce de plus en plus»*, affirme d'entrée de jeu Pascal Bruckner, auteur d'un essai au titre provocant. Le mariage d'amour a-t-il échoué? *«À l'époque du mariage de raison, les unions étaient plus durables parce que les époux allaient chercher leur satisfaction en dehors de ce lien sacré.*
*Mais ce type de relation engendrait deux maux: la prostitution et l'adultère. C'est pour lutter contre ces travers que le mariage d'amour a été créé»*, explique l'essayiste français. Mais, poursuit Pascal Bruckner, c'est que, en plus d'échouer à enrayer l'infidélité, le mariage d'amour a fait apparaître d'autres problèmes, comme la volatilité du sentiment amoureux. *«Construire sa relation sur l'amour, c'est comme bâtir sa maison sur le sable»*, illustre-t-il. La solution pour que les unions survivent au passage du temps consiste-t-elle à réinstaurer le mariage d'intérêt? *«Plusieurs couples choisissent cette option et vivent parfaitement heureux,* répond Pascal Bruckner. *Mais nous aurions tort de croire que le mariage d'amour est voué à l'échec. Pour durer, il suffit de savoir transformer la passion du début en passions communes.»*

http://www.lapresse.ca/vivre/societe/201103/16/01-4379693-le-mariage-damour-est-il-voue-a-lechec.php

# Leçon 14

## Couleur de peau : miel

### L'adoption et l'identité

# Leçon 14 : Couleur de peau : miel

### L'adoption et l'identité

A

**Date de sortie :** 6 juin 2012 (1h 15min)
**Réalisateur :** Jun Jung-sik, Laurent Boileau
**Genre :** film d'animation
**Pays :** film franco-belge

B

**Date d'édition :** septembre 2007
**Scénariste et dessinateur :** Jun Jung-sik
**Genre :** BD (bande dessinée)
**Langue :** en français

## Activité 1 : Observez les images ci-dessus et répondez aux questions

a) Laquelle de ses images est l'affiche du film et laquelle est la couverture de la BD ?
A : ______________________________ , B : ______________________________

b) Comment comprenez-vous le titre du film ? ______________________________

c) Décrivez la famille dans laquelle Jung a grandi :

______________________________________________________________

______________________________________________________________

## Activité 2 : Regardez la bande-annonce <u>sans le son</u> et rétablissez la vérité

http://www.allocine.fr/video/player_gen_cmedia=19342182&cfilm=190926.html

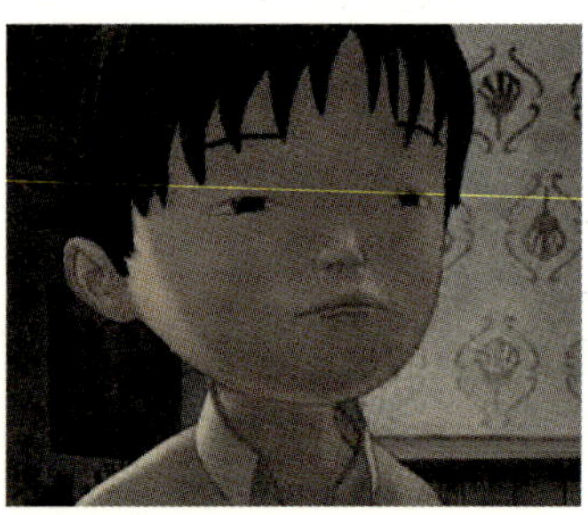

a) La famille adoptive de Jung vit à la campagne. V / F
b) Tous les frères et sœurs de Jung sont blonds. V / F
c) Jung aime beaucoup dessiner. V / F
d) Jung ne pense jamais à sa maman coréenne. V / F
e) Jung est un enfant sage. V / F
f) Ses parents adoptifs lui donnent la fessée pour le punir. V / F

**Activité 3 : Regardez la bande-annonce <u>avec le son</u> et appariez les propos. Puis écrivez les propos dessous des images du film**

1. Alors, tu es content ?
2. Alors, les enfants,
3. Oh, je suis désolée,
4. Dis-moi, Coralie, pour toi,
5. Tu n'es qu'un voleur et un menteur !
6. Oui, mais si on t'a adopté,
7. Qu'est-ce que tu t'imagines ?
8. Est-ce que je suis un gentil ou un méchant ?
9. Enfin, tu écoutes ce que madame la directrice nous dit ?

A. c'est que tu n'étais pas si mauvais.
B. Qu'on est des étrangers, c'est ça ?
C. est-ce que je suis vraiment ton frère ?
D. Il a falsifié son bulletin !
E. Ton petit Coréen est enfin arrivé ?
F. Très méchant avec un sale caractère !
G. comment vous le trouvez, votre petit frère ?
H. j'oublie toujours ton petit asiatique.
I. Une pomme pourrie dans un seau de pommes mûres, ça pourrit toutes les autres !

| 1. | 2. | 3. | 4. | 5. | 6. | 7. | 8. | 9. |
|---|---|---|---|---|---|---|---|---|
| E | | | | | | | | |

## Activité 4 : Commentez les images du film

## Activité 5 : Lisez la vraie histoire de Jung

A l'âge de cinq ans, le jeune Jung erre dans les rues de Séoul, dort où il peut et fouille les poubelles pour se nourrir. Peut-être est-il le fruit d'une relation éphémère entre un soldat américain et une jeune coréenne, à moins que ses parents n'aient été victimes tous deux des conséquences de cette guerre fratricide qui a coûté la vie à un demi-million de Coréens. Nul ne le sait finalement car, après la guerre de Corée, des milliers d'enfants, illégitimes ou non, ont été abandonnés par leur mère, en raison de la pression sociale puisque le statut de mère célibataire était à l'époque intenable. D'autres se sont retrouvés séparés de leurs parents. Les autorités ont tardé à réagir et les structures d'accueil n'étaient pas préparées pour accueillir ces milliers d'enfants livrés à eux-mêmes. Mais dans son malheur, Jung a eu de la chance : un jeune policier l'a trouvé et l'a accompagné dans un orphelinat. Jung y a été heureux, car il pouvait enfin manger à sa faim et dormir au chaud. Son adoption a été très rapide parce que les autorités coréennes acceptaient massivement les dossiers d'adoption. Ainsi, 150 000 enfants ont quitté leur pays pour rejoindre leur famille d'accueil, pour l'essentiel aux Etats-Unis, mais également en Europe. Jung est parti pour la Belgique où l'attendaient ses nouveaux parents et ses quatre frères et sœurs.

http://victor-hugo-tarbes.entmip.fr/cdi/le-coin-des-lecteurs-/club-lecture

**Quelqu'un vous demande pourquoi beaucoup de personnes d'origine coréenne vivent dans des familles américaines ou européennes. Apportez-lui une réponse brève et claire :**

______________________________________________

______________________________________________

______________________________________________

______________________________________________

______________________________________________

## Activité 6 : Regardez l'extrait 1 (40'04"→41'54") et répondez aux questions

a) Quelles informations a reçu Jung à l'agence d'adoption ?

______________________________________________

b) Ces informations sont-elles fiables ?

______________________________________________

c) Est-ce suffisant pour retrouver ses parents biologiques ?

______________________________________________

d) Que pense Jung de ce qui s'est passé réellement ?

______________________________________________

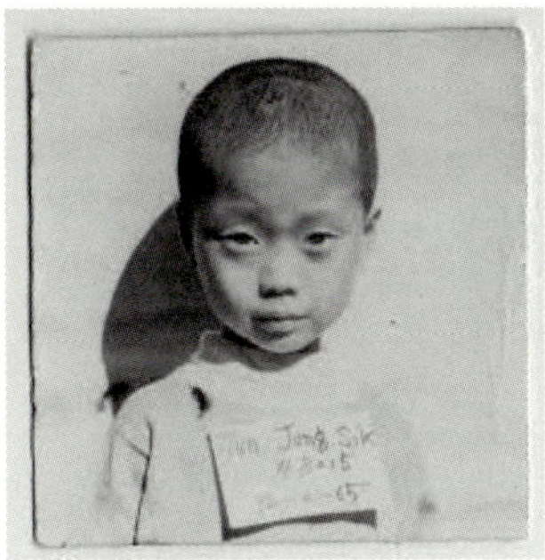
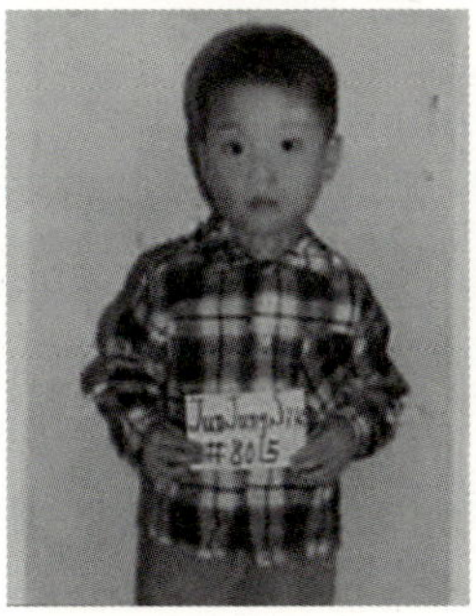

## Activité 7 : Echangez vos opinions

**Thème : L'adoption et l'identité**

- Que pensez-vous des sentiments de Jung adolescent / de Jung adulte ?

**Regardez la bande annonce du film :**

« *Il a déjà tes yeux* » (Lucien Jean-Baptiste, 2017)

http://www.allocine.fr/video/player_gen_cmedia=19566508&cfilm=245619.html

- Dans ce film, quelle a été la réaction de la part des parents, du médecin et de l'assistante sociale vis-à-vis de l'adoption ?
- Seriez-vous, un jour, prêt à adopter un enfant étranger ?

Si non, pourquoi ? Si oui, à votre avis, comment réagirait votre entourage ?

**Documents annexes**

## Axe cinématographique

1/ Le thème de l'adoption

L'adoption est un thème auquel Jung tient beaucoup : *« Il était important pour moi de parler de l'adoption et en particulier, du thème de l'adoption internationale coréenne. Point de départ pour évoquer la manière dont j'ai vécu l'abandon, le refus de mes origines coréennes, l'autodestruction, mon rattachement à une autre culture de l'Extrême-Orient, celle du Japon, pays dont je pouvais être fier et qui était l'ennemi juré de la Corée »*, explique-t-il.

2/ La naissance du film

Le réalisateur Laurent Boileau avait été très touché en découvrant la bande dessinée de Jung en 2007. Il avait alors contacté ce dernier pour lui proposer de réaliser un film documentaire pour la télévision centré sur son retour en Corée, pour la première fois depuis son adoption. Cependant, au fur et à mesure de leurs rencontres, Jung et Boileau ont finalement décidé d'adapter le roman graphique en prenant soin de l'emmener plus loin. L'aventure *Couleur de peau* : miel au cinéma a duré quatre ans, Jung et Laurent Boileau ayant travaillé sur le film de 2008 à 2012. Cette longue et consciencieuse production a permis au film d'être inclus, en 2012, dans la sélection officielle du Festival International du Film d'Animation d'Annecy.

http://www.allocine.fr/film/fichefilm-190926/secrets-tournage/

3/ Un film hybride

Jung et Laurent Boileau ont choisi de donner à leur film une forme hybride, pour traduire au mieux toutes les complexités que sont le fait de porter deux cultures tout en se sentant étranger à l'une comme à l'autre, d'avoir son esprit partagé entre mère biologique et mère adoptive, de fouiller dans son passé pour mieux construire son présent, ... Les réalisateurs n'ont pas opté pour une narration chronologique, comme dans le roman graphique. Ils ont construit le récit en naviguant sans cesse entre : images d'archives (films de famille en Super 8*), souvenirs de Jung (cinéma d'animation) et des moments présents (retour de Jung en Corée en prise de vue réelle).

* Le Super 8 est un format de film cinématographique, lancé par Kodak en 1965 pour le cinéma amateur.

4/ Le titre du film

Jung souffre de ses différences, ne se sent pas accepté. Ce thème est présent dès le titre du livre et du film. L'intitulé *Couleur de peau : miel* comporte deux éléments: couleur de la peau et qualificatif *miel.* La peau renvoie à l'apparence physique, elle est chez Jung le premier signe visible de sa différence. On remarque vite que l'enfant rejette son apparence en évitant ou se confrontant aux coréens qu'il croise. Ces derniers ont sur lui un effet «miroir », ils lui rappellent son abandon et autres épisodes douloureux qu'il tente d'oublier. Il est indiqué dans le dossier de Jung que sa couleur de peau est « miel ».Comme il le dit dans son livre, elle n'est pas « jaune » mais « miel ». Ce terme renvoie à des notions de douceur, de sucré, évoque avec poésie cette particularité. Avant même de connaitre l'enfant, on lui associe des idées positives. Le lecteur ou spectateur s'attends à ce que l'œuvre, qu'il est amené à découvrir, aborde avec respect et comme richesse la question de la différence.

http://festival-film-animation.fr/archives/dl/dossier_pedagogique_couleur_peau_miel.pdf

## Axe thématique

1/ Le contexte historique

La Corée a longtemps été un royaume, puis annexée en 1910 par le Japon. A la fin de la seconde guerre mondiale, la Corée est libérée des colonisateurs japonais, mais aussitôt divisée en deux pays : la République démocratique de Corée, au Nord, rejoint le bloc communiste, et au sud, la République de Corée est soutenue par les Etats-Unis. De 1950 à 1953, les deux pays s'affrontent : c'est la guerre de Corée. Ils restent divisés à la fin de celle-ci. Jung est né douze ans après ce conflit, à une époque où la Corée se remettait difficilement et devait faire face à de lourdes difficultés économiques. Comme Jung le dit dans le film, il fait partie des 150 000 enfants coréens adoptés à travers le monde depuis la Guerre de Corée.

2/ Les motivations pour l'adoption

La plupart des couples sont motivés par la stérilité de l'un ou des deux futurs parents. D'autres se sentent investis d'une « mission » morale ou bien cherchent à être « comme tout le monde », à combler un manque, une solitude, à se donner bonne conscience ou une belle image. Autant de motivations suspectes que les associations chercheront à déceler, car elles portent en elles le germe de problèmes à venir. D'où entretiens, questionnaires et enquêtes auxquels sont soumis les futurs parents.

3/ Le handicap affectif et moral

Un être, qui a été abandonné, se sent inévitablement à la fois coupable et en colère. Quels que soient son âge et les conditions de son adoption, il se souvient. Ceci peut engendrer une certaine agressivité. « *L'enfant ressent son abandon comme le signe de sa* "mauvaise qualité". *Il ne mérite pas l'amour parce qu'il n'est pas aimable. Une dévalorisation de lui-même que seul l'amour, justement, peut réparer* », analyse Michel Soulé, psychanalyste, spécialiste des problèmes d'adoption. « *Chaque enfant adopté testera, à sa manière, la réalité et la profondeur du désir de ses nouveaux parents à son égard* », confirme Bernard Prieur, psychanalyste. Traiter l'enfant de « bon à rien » ou d'« incapable » risque de l'inciter à justifier son rejet par ses parents biologiques et de le pousser à l'échec, à la révolte.

4/ La recherche des parents biologiques

En France, jusqu'en 1996, on pouvait décrire la mère biologique, donner les raisons de son abandon, mais on n'avait pas le droit de dévoiler son identité. La loi de 1996 a levé cet interdit et les adoptés peuvent désormais retrouver leur mère génitrice, si celle-ci l'a expressément autorisé. Les législateurs ont suivi le conseil des psys : le secret de la naissance risque de perturber les adoptés dans leur filiation avec leurs propres enfants (les adoptés se renseignent en général sur leur mère entre 35 et 40 ans, au moment où ils deviennent eux-mêmes parents). Pour les enfants étrangers, ils conseillent d'en faire en priorité un petit Français et de lui donner ensuite les moyens de s'intéresser à sa culture d'origine. Et l'enfant « bien adopté » a tous les moyens de restaurer l'image abîmée qu'il a de lui-même, car il est certain d'avoir été désiré par des parents responsables, et d'être élevé dans un milieu favorable et stable (il y a très peu de divorces chez les adoptants). Finalement, concluent les enquêtes menées sur le sujet, la grande majorité des adoptés ont adopté leurs parents.

http://www.psychologies.com/Famille/Enfants/Epanouissement-de-l-enfant/Articles-et-Dossiers/Adoption-pour-que-l-enfant-vous-adopte

# SOLUTIONS DES ACTIVITÉS

## Solutions des activités lacunaires, d'appariement et d'ordonnancement

### Leçon 0, activité 2b

Les filles sont folles des mecs qui ne font pas d'effort …… du tout. Pas le moindre ! Ne me demandez pas pourquoi, c'est dans leur nature. Si la coupe, qui semble dire : « Je n'en ai vraiment rien à faire », vous tente, AXE recommande le Style Mèches Au Vent. D'abord, prenez un peu de crème AXE Style Mèches Au Vent et chauffez-la entre vos mains, si ce n'est pas trop à vous demander. Ce doux parfum vous rappellera ces après-midis à dormir, tous vos rendez-vous annulés. Ensuite, passez vos doigts dans vos cheveux de part et d'autre, prenez garde, cela pourrait vous demander un très modeste effort. Enfin, pour qu'on en finisse, balayez vos cheveux d'un côté, et voilà… une transformation sans effort. Vous savez, c'est tout un art de ne rien faire. Chauffez, appliquez, balayez ! Tout se joue à la première impression.

### Leçon 1, activité 1a

Savez-vous, quel est le point commun entre tous ces personnages ?
C'est Amélie. Amélie Poulain. Et elle va changer leur vie.

### Leçon 1, activité 2 (transcription)

Le père d'Amélie, Ancien médecin militaire, travaille aux établissements thermaux d'Enghien les Bains. Raphaël Poulain n'aime pas pisser à côté de quelqu'un, il n'aime pas surprendre sur ses sandales un regard de dédain, sortir de l'eau et sentir coller son maillot de bains. Raphaël Poulain aime : arracher de grands morceaux de papier peint, aligner toutes ses chaussures et les cirer avec soin, vider sa boite à outils, bien la nettoyer et tout ranger enfin.

La mère d'Amélie, Amandine Foué, institutrice originaire de Gueugnon, a toujours été d'une nature instable et nerveuse. Amandine Poulain n'aime pas : avoir les mains plissées par l'eau chaude du bain, être par quelqu'un, qu'elle n'aime pas, effleurée de la main, avoir les plis des draps imprimés sur la joue le matin. Amandine Poulain aime les costumes des patineurs artistiques sur TF1, faire briller le parquet avec des patins, vider son sac à main, bien le nettoyer et tout ranger enfin.

### Leçon 2, activité 2

Monsieur Rachid Abdul Mohamed Benassen, consentez-vous à prendre pour épouse Mademoiselle Isabelle Suzanne Marie Verneuil, ici présente ? - Oui.
Mademoiselle Isabelle Suzanne Marie Verneuil, consentez-vous à prendre pour époux Monsieur Rachid Abdul Mohamed Benassen, ici présent ?
- Oui.
- Au nom de la loi, je vous déclare unis par le mariage.

**Leçon 2, activité 5**

**1.** Claude : Je voudrais profiter de votre présence dans cette maison, où nos filles ont grandi, pour m'excuser. Je suis sincèrement désolé que mes propos aient pu choquer la dernière fois. Mais c'était dit sans méchanceté.
David : Il n'y a pas de problème, c'est vieux, tout ça.

**2.** Claude : Vous m'ôtez une épine du pied. Parce que moi, en tant que Gaulliste, j'étais très attristé qu'on puisse me prendre pour quelqu'un de raciste.
Rachid : Vous dépassez ma pensée, Claude. En plus, on a tous un petit côté raciste dans le fond.
Claude : En tout cas, je veux que vous sachiez que nous n'avons rien contre les Juifs, les Arabes ou les Chinois.
Marie : Vous êtes français comme nous.

**3.** Claude : Enfin, pour être tout à fait honnête, au départ, vous n'étiez pas les gendres idéaux. ….Vous ne le prenez pas mal, j'espère !
Rachid : J'imagine la tête de mon père si toutes mes sœurs étaient mariées à des auvergnats !

**4.** Marie : Le plus important, c'est le bonheur de nos filles. Si elles sont heureuses avec vous, nous le serons aussi. Bref, vous êtes tous les trois les bienvenus dans la famille Verneuil.
Claude : Je propose que nous portions un toast à la famille !

**Leçon 4, activité 2**

Les deux principaux personnages viennent de deux mondes complètement différents. Driss a grandi dans une famille d'immigrants pauvres. Philippe est un millionnaire qui habite dans une maison avec des assistants et sa fille. Quand ils se rencontrent, ils s'intéressent l'un à l'autre. Driss aide Philippe à faire ses tâches quotidiennes, mais en plus, il lui donne le sentiment d'être comme tout le monde. Au lieu de le plaindre, Driss encourage Philippe à prendre des risques. Il lui fait découvrir des choses rebelles que Philippe n'a jamais connues avant : les deux hommes fument de l'herbe, conduisent vite et mentent aux policiers. En revanche, Philippe apprend à Driss la responsabilité. Personne n'a jamais eu confiance en Driss jusqu'à maintenant, car tout le monde pensait qu'il est dangereux, mais Philippe ne le juge pas. Philippe montre aussi à Driss beaucoup de choses, comme l'art, la musique classique, l'avion, et le parapente.

**Leçon 4, activité 5 :**

— C'est qui, ce type ? Autour de toi, tout le monde s'inquiète.
— Bon, il est grand, il est costaud, il a deux bras et deux jambes, un cerveau qui fonctionne, il est en bonne santé…
— Les gars des cités n'ont aucune pitié !
— C'est ce que je veux, aucune pitié.

**Leçon 5, activité 7**

Xavier, étudiant en sciences économiques, rêve de devenir écrivain. Mais son destin semble plutôt de travailler pour le ministère des Finances. Jean-Charles Perrin, un ami de son père, lui promet un poste au ministère s'il parle bien espagnol et s'il connait bien le marché espagnol. Il décide donc d'aller étudier un an à Barcelone via le programme Erasmus, malgré l'incompréhension de sa petite-amie Martine. A Barcelone, il s'installe dans un appartement en colocation avec d'autres étudiants : l'Anglaise Wendy, l'Italien Alessandro, l'Espagnole Soledad, le Danois Lars, l'Allemand Tobias et la Belge Isabelle. Il a ensuite une aventure avec Anne Sophie, l'épouse d'un neurologue expatrié...

**Leçon 7, activité 5**

**Éric :** J'ai trouvé cette photo tout à l'heure, elle était dans un de ces cartons que tu m'a si gentiment préparés hier. C'est bizarre parce que moi, je ne me souviens pas du tout de cette photo. Tu crois que c'est moi qui l'ai prise ?
**Camille :** Oui, je m'en souviens, c'est toi qui l'as prise. Il m'est arrivé quelque chose de très étrange hier. C'était comme un rêve mais qui aurait duré des mois. Tout à coup, j'habitais de nouveau chez mes parents, j'avais 16 ans et je t'ai rencontré. Et j'étais odieuse avec toi. Tu me draguais, tu étais charmant, tu étais drôle, et moi, je te repoussais tout le temps. Et un soir, on s'est embrassés pour la première fois. Tu te souviens ce que tu m'a dit: « Au prochain réverbère je t'embrasse » ? (...)
Je me suis demandé, si j'allais reconnaitre ton premier baiser. Et je ne l'ai pas reconnu. Il m'a surprise. Mais j'ai reconnu tes lèvres et j'ai compris que même si j'embrassais d'autres lèvres, (...) ça ne serait jamais comme les tiennes. J'ai eu l'impression que mon cœur, qui battait tellement fort, venait enfin se reposer sur ta bouche. J'ai compris que même si je ne te voyais pas pendant 20 ans, même si je ne devais plus jamais te revoir de ma vie, ça ne changera rien.
**Éric :** Bon ben, je n'ai qu'à demander l'addition.

**Leçon 8, activité 4**

Au début du film, on découvre un couple de personnes âgées au milieu des spectateurs d'une salle de concert. Après le concert, ils félicitent le jeune pianiste. Ils sont complices, amoureux encore, cela se voit. Très vivants. Ils rentrent chez eux en bus et constatent que la serrure de leur appartement a été forcée. De cet appartement, ils n'en sortiront plus. Le lendemain, Riva fait un malaise. C'est le premier signe d'une maladie qui va méthodiquement la détruire ...

**Leçon 9, activité 6**

Mère : Vous travaillez dans quoi ?
Violette : Dans la maison.
Mère : Architecte ?
Violette : Non, chômeuse, au foyer
Mère : Vous avez peut-être une fortune personnelle, comme mon fils ?

Violette : Pas vraiment, non, moi, c'est plutôt une infortune personnelle, malheureusement.
Paul-André : Je m'occupe de Violette et je prends en charge ses enfants.
Mère : Pardon ?
Paul-André : Je dis que je prends ses enfants en charge, maman !
Mère : J'espère que c'est provisoire.... Je l'ai mis dans une pension très stricte pour des raisons familiales et je dois dire que ça n'a pas aidé à devenir très autonome. Enfin, on est comme on est.

**Leçon 10, activité 3a**

Le garçon : *On est à Londres ?*

Marcel **:** *C'est là où tu veux aller* **?**

*C'est de l'autre côté. Ici c'est Le Havre* .

**Leçon 10, activité 3b**

Le Monde : « Un enchantement », Le Figaro : « Kaurismäki » est grand, Télérama : « Une merveille de drôlerie et d'humanisme », Libération : « Un conte social à la Chaplin »

**Leçon 10, activité 4**

| 1. | 2. | 3. | 4. | 5. | 6. | 7. | 8. | 9. | 10. | 11. | 12. |
|---|---|---|---|---|---|---|---|---|---|---|---|
| G | H | J | B | A | E | K | F | C | L | D | I |

**Leçon 11, activité 5**

| 1. | 2. | 3. | 4. | 5. | 6. | 7. | 8. |
|---|---|---|---|---|---|---|---|
| H | C | A | F | G | E | B | D |

**Leçon 11, activité 7**

Extrait 1 : Les problèmes des Klur

a) V
b) V

Justifiez : Les Klur n'ont pas assez d'argent pour faire le plein de leur voiture, pour chauffer leur maison et pour acheter à manger.

c) F (depuis 4 ans)
d) Ils vivent avec 400 euros par mois.
e) V

Justifiez : Ils ne sont jamais partis en vacances pour faire du ski ou à la mer.

Extrait 2 : La lettre de réclamation

a) A Bernard Arnaud et sa direction
b) 35 672,42€
c) Avant le 29 mai

Extrait 3 : Comment les Klur ont utilisé l'argent obtenu de Bernard Arnault

a) Ils ont installé un nouveau grillage devant la maison.
b) Jocelyne s'est fait faire une nouvelle coiffure.
c) Ils ont collé du papier peint sur les murs de leur cuisine.
d) Ils ont acheté un poêle à charbon pour remplacer le vieux qui ne marchait plus.

**Leçon 12, activité 3**

Elle est géniale, ma mère. Je crois qu'elle n'a aucun défaut. Elle oscille toujours entre une très grande chaleur et un froid glacial. J'arrive hyper bien à l'imiter, ma mère. Ces gestes, sa manière de parler, c'est génial. Le seul qui ne se fait pas prendre, c'est mon père. Je ne sais pas pourquoi, mais il ne veut pas que je sois une fille.
Cette pension était merveilleuse. Et puis c'est là où j'ai rencontré Jeremy.

**Leçon 12, activité 4**

| 1. | 2. | 3. | 4. | 5. | 6. | 7. | 8. | 9. | 10. |
|---|---|---|---|---|---|---|---|---|---|
| G | A | F | C | H | B | J | D | I | E |

**Leçon 13, activité 4**

| 1. | 2. | 3. | 4. | 5. | 6. | 7. | 8. | 9. |
|---|---|---|---|---|---|---|---|---|
| F | A | E | C | G | B | I | H | D |

**Leçon 14, activité 3**

| 1. | 2. | 3. | 4. | 5. | 6. | 7. | 8. | 9. |
|---|---|---|---|---|---|---|---|---|
| E | G | H | C | I | A | B | F | D |

# 프랑스 영화의 역사

## 누벨바그에서 동시대 영화까지

김호영 (한양대학교 프랑스언어문화학과)

# 1. 누벨바그와 새로운 영화 운동

## 누벨바그의 탄생과정

세계 영화사에 등장한 다양한 영화 사조 중에서, 프랑스의 누벨바그만큼 전 세계적으로 커다란 영향을 미친 사조는 없을 것이다. 누벨바그의 영화들은 약 반세기동안 세계의 영화를 지배해온 수많은 관습과 규범들에 전면적인 반기를 들면서, 실험적이면서도 대중적 호소력이 뛰어난 작품들을 통해 새로운 영화 창작 기법의 타당성과 유효성을 입증해 보였다. 누벨바그의 전성기는 대략 1959년부터 1965년까지 약 5년여 동안의 시기로 간주되며, 이 시기에 발표된 장뤽 고다르Jean-Luc Godard나 프랑수아 트뤼포 등의 영화들은 이후 유럽을 비롯해 미국, 일본, 남아메리카 등 전 세계로 퍼져나가면서 각 나라의 영화적 전통을 쇄신시키는데 중요한 역할을 담당한다.

누벨바그의 탄생 배경으로는 크게 세 가지가 언급된다. 첫째, 트뤼포의 <프랑스 영화의 어떤 경향>(1954)이라는 짧은 글이다. 이 글은 '작가주의'라는 개념을 만들어냈으며, 트뤼포를 중심으로 젊은 영화인들이 모여 새로운 영화를 모색하는 계기를 마련하게 된다. 물론, 바로 이 젊은 영화인들이 몇 년 후 누벨바그를 만들어내는 장본인이다. 둘째, 트뤼포의 글이 실렸던 영화 잡지『카이에 뒤 시네마』이다. 앙드레 바쟁이 편집장을 맡았던 이 잡지는 젊은 영화인들이 자유롭게 영화에 대한 생각을 발전시킬 수 있었던 중요한 담론의 장이 된다. 셋째, 1940년대 말 앙리 랑글루아Henri Langlois에 의해 설립된, 일종의 '국립 예술전용 극장'이라 할 수 있는 '시네마테크 프랑세즈Cinémathèque Française'이다. 다수의 희귀 필름들과 영화 도서들을 소장한 이곳에서 당시 새로운 영화를 갈구하는 젊은이들은 그들의 지적, 문화적 욕구를 충족시킬 수 있었다.

이 밖에도, 프랑스 영화의 범주를 벗어나는 요인이 두 가지 더 있다. 먼저, 세트를 거부하고 거리로 직접 나가 영화를 찍고자 했던 이탈리아의 '네오리얼리즘Neo realisme' 운동이다. 1940년대 초반부터 만들어지기 시작한 네오리얼리즘의 영화들은 특수효과를 배제하고 직업 배우와 비직업 배우를 고루 기용했으며 지배 이데올로기에 대한 비판적 의식을 견지했다는 점에서, 누벨바그 영화들에게 지대한 영향을 미친다. 한편, 당시 프랑스를 중심으로 현대 사회와 현대인을 특징짓는 하나의 대안적 사상으로 퍼져나간 '실존주의 철학'도 누벨바그 영화들의 정신적인 배경이 된다. '부조리한 세상에 부조리한 방식으로 맞서는' 현대인의 모습은 특히 고다르의 영화들에서 자주 등장하며, 카톨릭 문명보다 고대의 희랍 문명에서 사상적 근원을 찾으려 했던 실존주의 철학의 영향으로 고다르나 트뤼포의 영화들은 그리스 로마 시대에 대한 다양한 암시들을 곳곳에 숨겨두고 있다.

## 누벨바그의 주요 감독들

『카이에 뒤 시네마』 출신의 젊은 영화인들 중에서, 가장 먼저 영화(장편 영화)를 만들어낸 사람은 바로 클로드 샤브롤Claude Chabrol이다. 그는 부인의 유산을 이용해 1958년 자신의 고향에서 <미남 세르쥬 Le Beau Serge>라는 영화를 완성시키는데, 이 작품은 현장 촬영과 저예산 제작을 추구하고 사회적 비판의식을 견지했다는 점에서 누벨바그의 정신을 실현한 최초의 작품으로 인정받는다. 이후, 샤브롤은 <사촌들 Les Cousins>(1959)과 <착한 여자들Les Bonnes femmes>(1960) 같은 영화들을 만들면서 자신만의 독창적인 영화세계를 이루어가고, 특히 범죄영화라는 대중적 장르에 천착하면서도 좌파적인 비판정신과 영화형식에 대한 치열한 탐구를 잃지 않는 특이한 능력을 보여준다. 다음, 트뤼포는 1959년에 자신이 비평적 담론을 그대로 영화로 옮긴 자전적 영화 <400번의 구타 Les 400 coups>를 발표해 비평과 흥행에서 모두 커다란 성공을 거둔다. 그는 이어서 발표한 <피아니스트를 쏴라 Tirez sur le pianiste>(1960)와 <쥴 앤 짐 Jules et Jim>(1961) 같은 작품들에서도 현란한 카메라 움직임과 자유로운 표현 기법들을 통해 새로운 스타일의 영화를 제시하며, 당시 헐리우드를 중심으로 고착되어가던 장르의 관습을 깨뜨리는데 몰두하면서도 인간과 사랑에 대한 세심한 시선을 잃지 않는 영화들을 지속적으로 발표한다.

한편, 1960에 장 뤽 고다르는 그의 첫 장편 영화 <네 멋대로 해라 A bout de souffle>를 발표한다. 이 작품은 명실상부한 누벨바그의 대표작이며, 알랭 레네Alain Resnais의 <히로시마 내 사랑 Hiroshima mon amour>(1959), 미켈란젤로 안토니오니Michelangelo Antonioni의 <정사 L'Avventura>(1960)와 함께 그전까지의 영화를 '고전 영화', 이후의 영화를 '현대 영화'로 구분하게 만드는 하나의 이정표 같은 작품으로 평가받는다. <네 멋대로 해라>는 누벨바그의 특징인 작가주의 정신과 장르변형 기법을 훌륭히 실현해 보일 뿐 아니라, '소격 효과'라는 새로운 영화 양식을 제시한다. 브레히트Brecht의 '서사극 이론'으로부터 영향을 받은 이 양식은 영화의 줄거리나 등장인물에 대한 관객의 몰입과 동일화를 차단하려는 것으로, 미국의 고전 영화들에서 주로 나타나는 '영화를 통한 이데올로기의 주입' 현상을 거부하고자 하는 의도를 내포하고 있다. '점프 컷 Jump cut', '카메라를 정면으로 보고 말하기', '평면적 몽타주' 등이 영화 <네 멋대로 해라>에 사용되었던 소격 효과의 예들이다. 그 후, 고다르는 <여자는 여자다 Une femme est une femme>(1961), <비브르 사비 Vivre sa vie>(1962), <사랑과 경멸 Le Mépris>(1963), <중국 여인 La chinoise>(1967) 등을 만들면서 가장 치열하게 누벨바그의 정신을 실천으로 옮긴다.

이 외에도, 누벨바그에 속하는 감독들로 에릭 로메르Eric Rohmer와 자크 리베트Jacques Rivette가 거론된다. 1960년 <사자 자리 Le Signe du lion>을 내놓은 후 한동안 침체기에 빠졌던 로메르는 1969년 <모드 집에서의 하룻밤 Une nuit chez Maud>(1969)으로 뒤늦게 주목을 받아 재기하며, 이후 1970년대와 80년대를 거치면서 "코미디와 격언" 및 "사계절 이야기" 시리즈의 영화들을 통해 인간의 내면에서 일어나는 변화들을 담아내는데 주력한다. 특히 그의 영화는 행동보다는 생각과 감정의 표현을 중시하는 독특한 스타일을 창출해내는데, 이러한 스타일은 그후 프랑스 영화의 중요한 한 양식으로 자리잡게 된다. 한편, <파리는 우리의 것 Paris nous appartient>(1961)이라는 영화로 세인의 주목을 끌며 등장한 리베트는 과작이지만 매우 심도 있는 작품들을 만들어내면서 '예술'로서의 영화라는 장르를 꾸준히 탐구해간다. 특히, 연극의 형식을 차용하며 파격적인 소재를 다루어 상영금지의 수난까지 겪었던 <수녀 La Religieuse>(1966)나 역시 연극의 리허설 과정을 배경으로 픽션과 다큐멘터리의 경계를 자유롭게 넘나들었던 <미치광이 사랑 L'amour fou>(1968), 또 리얼리티와 픽션의 문제를 동화 같은 이야기를 통해 풀어나간 <셀린느와 쥘리, 배 타러 가다 Céline et Julie vont en bateau>(1973) 같은 작품들은 영화의 제작과정 자체를 가장 중요한 제재로 삼으면서 영화라는 매체에 대한 깊은 사유와 집요한 탐구정신을 보여주었다.

## 또 다른 젊은 시네아스트들

한편, 누벨바그 그룹의 감독으로 분명하게 분류되지는 않았지만, 누벨바그 감독들과 지속적인 교류를 이어가면서 프랑스 영화가 발전하는데 중요한 일익을 담당한 영화인들이 있다. 소위 '좌안파 rive-gauche' 라고 불렸던 알랭 레네, 아네스 바르다Agnès Varda, 장 루슈Jean Rouch 같은 이들은 누벨바그 그룹과 일정한 거리를 유지하면서 이들 못지 않게 실험적이고 진보적인 영화들을 만들어냈으며, 또 루이 말Louis Malle과 자크 드미Jacques Demi 등은 전통적인 영화제작 시스템을 계승하면서도 그 안에서 다양한 시도들을 벌이며 현대 영화로의 길목을 개척해갔다.

먼저, 알랭 레네는 <히로시마 내 사랑>, <지난 해 마리앵바드에서 L'Année dernière à Marienbad>(1961) 등의 작품을 통해 눈부신 기술적 묘기와 세련된 형식미를 보여주었다. 특히 레네는 전통적인 영화의 시공간과 서사구조를 완전히 해체하고 전혀 새로운 영화형식들을 선보이면서 가장 현대적인 감각의 영화감독으로 평가받기도 한다. 다음, 아네스 바르다는 기록영화와도 같은 간결하고 절제된 영상을 바탕으로 동시대의 사회와 개인의 문제들을 차분하고 깊이 있게 다룬, 당시로서는 찾아보기 힘든 드문 여성 영화인이다. 1961년에 발표한 <클레오, 다섯 시에서 일곱 시까지 Cléo de 5 à 7>(1961)에서는 암에 걸린 젊은 여가수의 일상을 영상적 시간(스토리 타임)과 물리적 시간(러닝 타임)의 길이가 같은 독특한 형식으로 보여줘 세인의 주목을 받았으며, 이후 <행복 Le Bonheur>(1965)과 <노래하는 여자, 노래하지 않는 여자 L'une chante, l'autre pas>(1977) 같은 작품들을 통해 현대 사회에서의 여성의 문제를 날카로운 깊이와 따뜻한 시선으로 담아냈다. 또한, 민족지학자이자 다큐멘터리 영화감독인 장 루슈는 1960년대 '시네마 베리테 cinéma vérité' 운동의 붐을 일으키면서 다큐멘터리 영화라는 장르의 형식과 개념을 확장하는데 커다란 기여를 한다. 그는 주로 아프리카의 문화를 탐구하면서 일종의 학문적 도구로 영화를 이용했지만, <광란의 추장>이나 <나, 검둥이> 같은 영화들을 통해 새로운 스타일의 다큐멘터리 양식을 선보였고 <어느 여름의 연대기>에서는 다큐멘터리라는 형식 자체에 대한 숙고를 보여주었다.

한편, 자크 드미는 프랑스에서는 찾아보기 힘든 뮤지컬 영화 <셸부르의 우산 Les Parapluies de Cherbourg>(1962)으로 칸 영화제에서 대상을 받으며 전세계적으로 커다란 성공을 거둔다. 또, 루이 말은 <사형대의 엘리베이터 L'Ascenseur pour l'échafaud>(1958)와 <연인들 Les amants>(1958) 외에도 레이몽 크노 Raymond Queneau의 원작을 각색한 <지하철의 소녀 Zazie dans le métro>(1958)와 파트릭 모디아노Patrick Modiano 원작의 <라콩브 뤼시앙 Lacombe Lucien>(1974) 등을 발표하면서 문학 작품의 각색 영화도 훌륭한 영화가 될 수 있다는 것을 증명해 보인다.

## 2. 포스트 누벨바그 시대

### 정치 영화의 급부상

누벨바그 이후, 그리고 68혁명 이후 프랑스 영화계는 오랜 침체기를 겪는다. 이미 재미있는 영화와는 거리가 멀었던 누벨바그 영화들이 감소시켜놓은 극장 관객의 수는, 70년대 중반 이후 TV시대의 도래와 함께 극심한 위기의 상황으로까지 추락한다. 사실 영원히 회복되지 못하는 이 정체기는 프랑스 영화의 하강의 시작이라고 보는 것이 어쩌면 더 옳을지도 모른다. 그러나 이러한 침체 상황 속에서도 간헐적으로나마 유행을 일으키며 하나의 경향을 만들어냈던 영화들이 있다. 코미디 영화와 범죄 영화가 그 대표적 장르인데, 70년대에 들어 가속화된 영화 시장의 불황과 무관하게 꾸준히 관객을 모으며 확실한 흥행 장르로 자리를 굳힌다. 그리고, 70년대 프랑스 영화의 또 다른 대표적 경향 중 하나는 바로 정치 영화의 유행이다. 68혁명 이후 완화된 검열과 고취된 시민 의식은 다양한 성격의 정치영화들을 양산하게 만든다. 그 중에서도 적당한 비판 정신이 가미된 정치적 주제에 온갖 대중적 요소들을 가미한 코스타 가브라스Costa-Gavras의 <Z>(1969), <고백 L'Aveu>(1970) 등이 성공을 거두며, 작가주의와 대중주의를 교묘하게 접목시킨 베르트랑 타베르니에Bertrand Tavernier의 <생폴의 시계공 L'horloger de Saint-Paul> (1975)) 같은 작품도 인기를 얻는다. 반면, 대중적인 성공과는 거리가 멀었지만 고다르가 발표하는 일련의 정치영화들은 보다 날카로운 사회 의식을 보여주었고, 이후 많은 실험적 정치영화들의 연구 모델이 된다. 그는 68학생운동가 출신인 장피에르 고랭Jean-Pierre Gorin과 함께 '지가 베르토프 Dziga Vertov' 그룹을 만드는데, 이 그룹의 명칭은 1920년대 러시아에서 '키노 프라우다 Kino Pravda'라는 기록영화 운동을 이끌었던 실제 인물에게서 따온 것이다. <원 플러스 원 One plus One>(1969), <영국 소리 British Sounds>(1969), <블라디미르와 로자 Vladimir et Rosa>(1970) 등 고다르의 영화들은 급진적인 비판의식으로 사회 전반 현상들을 예리하게 해부하나, 지나치게 실험적이고 난해한 표현들로 인해 일반인들, 심지어는 동료 영화인들의 공감을 얻어내는 데에도 실패한다.

### 일상적 리얼리티의 영화 또는 내면의 영화들

한편, 누벨바그 시대에 로메르, 바르다, 루슈 등이 보여주었던 일상적 리얼리티에 대한 관심은 1970년대에 들어 프랑스 영화의 중요한 한 경향을 이룰 만큼 많은 감독들에게 영향을 미친다. 장 외스타슈Jean Eustache는 끝까지 독립 영화와 저예산 영화의 테두리에 머물며 독특한 방식으로 일상의 리얼리티를 구현했는데, <산타할아버지는 푸른 눈을 가졌다 Le père Noël a les yeux bleus>(1967)에서 <더러운 이야기 Une sale histoire>(1977)에 이르는 그의 중장편 영화들은 각기 다른 방식으로 동시대 프랑스인들의 일상을 생생하게  묘사해냈다. 그 중에서도, <엄마와 창녀 Maman et la Putain>(1973)는 성(性)에 대한 대담하고 솔직한 대사들로 화제를 일으키면서 당시 관객들로부터 열광적인 환영을 받았다. 또한, 클로드 소테Claude Sautet

는 <즐거운 인생 Les Choses de la vie>(1970), <뱅상, 프랑수아, 폴, 그리고 사람들 Vincent, François, Paul et les autres>(1974) 등을 선보이면서 배우 연기의 통제와 서사적 전개 능력에 있어서 뛰어난 장인적 솜씨를 보여준다. 특히 그의 영화는 일상의 크고 작은 일들에서 겪게 되는 감정의 편린들을 섬세하게 포착해내 많은 관객들의 사랑을 받는다.

마찬가지로, 모리스 피알라Maurice Pialat 역시 <벌거벗긴 유년 시절 L'Enfance nue>(1969), <우리는 함께 늙지는 않을 것이다 Nous ne veillirons pas ensemble>(1972), <벌어진 입 La Gueule ouverte>(1974) 등의 작품을 통해, 일반 영화들에서 배제되고 경시되는 프랑스 사회의 주변부를 냉정하고 충실하게 묘사한다. 1980년대에 들어 그의 영화는 주관적이고 정신적인 요소들을 점점 더 많이 내포하게 되지만, <반 고흐>에서 볼 수 있는 것처럼 일상에 대한 지극히 절제되고 차가운 시선은 변함없이 그의 영화적 스타일을 특징짓는 중요한 요소로 기능한다. 즉, 피알라는 일상적 리얼리티의 구현이라는 근본적인 입장에 뿌리를 두면서, 일상을 채우는 가시적 요소들과 비가시적 요소들, 혹은 물리적 현실과 정신적 현실을 동시에 표현해내는데 성공한 것이다. 이에 비해, 앙드레 테시네André Téchiné는 <바로코 Barocco>(1976)와 <브론테 자매들 (Les soeurs Bronte>(1979)에서 볼 수 있는 것처럼, 과감하게 리얼리티의 재현이라는 강박관념을 떨쳐버리고 인간의 내면에서 일어나는 감정의 변화와 심리적 갈등을 강렬하면서도 탐미적인 영상으로 표현하는데 주력한다. 하지만, 1980년대에 들어서는 테시네 역시 물리적 현실과 정신적 현실을 동시에 나타내는 시도를 벌이며, 특히 육체의 움직임과 정신의 움직임을 일종의 운율을 통해 섬세하게 표출해내는 독창적인 스타일을 보여준다.

한편, 필립 가렐Philippe Garrel과 자크 드와이용Jacques Doillon은 각각 <비밀의 아이 L'Enfant secret>(1982)와 <머릿속의 손가락들 Les Doigts dans la tête>(1974) 같은 대표작들을 통해 소위 '관념 영화'라는 영화적 스타일을 선보인다. 이들의 영화는 불필요한 영화적 형식들을 생략하고 대신 인간의 정신 세계와 심리 세계를 치밀하게 파고들어 평단의 찬사를 받지만, 일반인들에게는 다소 지나칠 정도로 접근이 어려운 영화를 만들어 대중적 호응을 얻는데는 실패한다.

## 3. 프랑스 영화의 정체기

### 프랑스 영화의 위기와 네오 바로크 영화

1980년대에 들어 프랑스 영화의 위기는 더욱 가중된다. 위기의 원인으로 TV의 지배, 비디오 시장의 확산, 미국 영화의 대중주의, 혹은 프랑스 정부의 과도한 제작비 지원까지 다양한 문제들이 거론되었지만, 결국 제대로 실마리는 풀리지 않은 채 1990년대 중반까지 침체의 상황이 계속된다. 그 와중에 프랑스에서도 헐리우드의 물량주의에 맞서 <인도차이나 Indochine>(1992), <여왕 마고 La Reine Margot>(1994), <지붕 위의 기병 Le Hussard sur le toit>(1996) 같은 대규모 제작 시스템의 영화들이 만들어지지만 번번이 실패하고, 아예 헐리우드 영화의 모방을 선언한 뤽 베송의 영화들과 값싼 코미디 영화들만이 유일하게 성공을 거둔다. 물론, 세계 영화 흐름에 중요한 영향을 끼칠 만큼 예술적으로 뛰어나고 새로운 대가들도 거의 나오지 않는다.

이러한 상황에서, 일종의 막연한 대안처럼 인위적으로 묶여 하나의 그룹으로 취급되던 이들이 있었다. 소위 '네오 바로크 Néo Baroque' 혹은 '누벨 이마주 Nouvelle Image'라는 명칭 하에 거론되는 세 명의 감독들인 장자크 베넥스Jean-Jacques Beineix, 뤽 베송Luc Besson, 레오스 카락스Léos Carax가 바로 그들이다. 물론, 이들을 묶는 공통점은 있었다. 이들은 모두 미국 팝 문화의 영향을 받아 대중 문화의 다양한 코드들을 영화 안에 수용하려 했고, 모던하면서도 강렬한 이미지와 화려한 스펙타클로 거대한 화면을 가득 채웠던 것이다. 그러나 이들의 예쁘고 몽환적인 화면 뒤에는 일종의 자아상실증이 숨어 있으며, 이는 비판적이기보다는 자아도취증에 빠진 80년대의 젊은이들을 대변하는 것이었다. 뛰어난 시각 효과와 공들여 다듬은 음향이 돋보이는 뤽 베송의 영화들은 시간이 지날수록 유아기적 정신세계를 감추지 못했으며, 한때 새로운 영상 시인으로 추앙받던 레오스 카락스도 현실의 시공간을 담아내지 못하는 '요정 이야기'식의 미학을 반복해 보여주다가 결국엔 긴 침체의 늪으로 빠져들고 말았다 .

### 중견 감독들의 선전, 그리고 희망의 씨앗들

따라서 네오 바로크 계열의 감독들보다는, 차라리 일정 수준의 독창적인 작품세계를 꾸준히 이어갔던 중견감독들의 작업이 1980년대와 1990년대의 프랑스 영화를 특징짓는다고 보는 편이 더 옳을지 모른다. 이렇다할 새로운 경향은 없었지만, 대신 1960년대 누벨바그 감독들과 1970년대 몇몇 감독들이 이룬 성과들에 대한 지속적인 수용과 변형 작업이 어쩌면 1980, 90년대의 프랑스 영화를 대표하는 특성일지도 모르는 것이다. 1985년 <집도 법도 없이 Sans toit ni loi>를 발표하면서 30년이 넘는 기간 동안 일관되게 높은 작품수준을 보여준 아네스 바르다와 1986년 <녹색 광선 Le Rayon vert>으로 베니스 영화제 대상을 수상하며 잔잔한 일상적 리얼리즘의 정수를 보여준 에릭 로메르, 또 1995년에 <의식Cérémonie>(1995)으로 예리한 비판의식과 뛰어난 장인정신을 보여준 클로드 샤브롤 등은 모두 누벨바그의 주역들이다. 또, 1970년대 프랑스 영화계를 이끌었던 모리스 피알라와 앙드레 테시네는 각각 <사탄의 태양 아래서 Sous le soleil de Satan>(1986)와 <반 고흐 Van Gogh>(1990), <랑데부 Rendez-vous>(1986)와 <야생 갈대 Les Roseaux Sauvages>(1994) 등 걸작 등을 발표하며 더욱 성숙해진 영화세계를 보여주었고, 클로드 소테 역시 <나와 함께 며칠을 Quelques jours avec moi>(1984)과 <금지된 사랑 Un Coeur en hiver>(1992) 등으로 특유의 절제 미학을 이어갔다. 이들 중견감독들의 작품들은 모두 평단의 높은 점수를 받으면서 동시에 꾸준한 관객동원에도 성공해, 프랑스 영화의 명맥을 잇는 중요한 역할을 담당했다.

이처럼 새로운 볼거리보다는 이미 보아오던 것이 꾸준하게 프랑스 영화계를 지켜가는 추세가 이어지다가, 1990년대 중반에 들어서는 드디어 이러한 신, 구의 영화 미학을 적절히 융합해내는 새로운 작품들이 등장하기 시작한다. 1960년대 영화들이 보여주었던 진지함과 높은 문화적 수준을 갖추고 동시에 1980년대 영화들의 실험적인 영상 탐구를 병행하는 작품들이 나오기 시작한 것이다. 시릴 콜라르Cyril Collard의 <사베지 나이트 Les Nuits fauves>(1992), 아르노 데플래생Arnaud Desplechin의 <파수병 La Sentinelle>(1992), 자비에 보부아Xavier Beauvois의 <북쪽 Nord>(1992), 마티유 카소비츠Mathieu Kassovitz의 <증오 La Haine>(1995) 등이 그 좋은 예이다. 이 중에서, 특히 보부아와 카소비츠는 동시대 사회문제들을 정면으로 다루면서도 영화 형식에 대한 치열한 탐구를 병행해, 다가올 프랑스 영화의 경향을 미리 예상하게 만들었다. 먼저, 보부아는 <북쪽>에서 프랑스 사회의 보이지 않는 골칫거리인 침체된 지방 문화와 무너진 가족관계의 실상을 사실적으로 묘사했고, 뒤이어 발표한 <네가 죽는다는 것을 잊지마 N'oublie pas que tu vas mourir>(1995)에서는 에이즈라는 프랑스 사회의 또 하나의 병리현상을 동정도 비판도 아닌 냉정한 시선으로 보여주었다. 또, 카소비츠의 <증오>는 1990년대 프랑스 영화계의 최대의 화제작이라고 할 수 있는데, 누구도 제대로 표현해내지 못했던 당대의 가장 민감한 사회문제를 영화 안에 직접화법으로 담아내면서도 장면 하나 하나를 세심하게 공들여 꾸며내, '내용'과 '형식'의 이상적인 결합의 한 예를 보여주었다.

결국, 중견감독들의 꾸준한 활약과 1990년대 중반부터 새롭게 부상하기 시작한 젊은 감독들의 움직임은 프랑스 영화의 오랜 침체기를 깨뜨리는데 중요한 역할을 하게 된다. 물론, 이들의 영화들이 뤽 베송의 영화들처럼 엄청난 흥행의 성공을 거두지는 못했지만, 대신 일정 수준 이상의 작품성으로 관객의 꾸준한 호응을 얻어내면서 프랑스 영화의 새로운 미래를 밝혀준 것이다. 이때부터, 프랑스의 영화인들은 과거의 영화에 칩거하는 전통 수구적 태도에서 벗어나 새로운 시대에 걸맞는 새로운 영화적 스타일을 보다 적극적으로 찾아나서기 시작한다.

## 4. 프랑스 영화의 새로운 지형도

### 프랑스 영화산업의 호조, 그리고 흥행의 이면

2000년을 전후로, 프랑스 영화계에는 전혀 예상치 못했던 현상이 나타난다. 미국영화의 파상적인 물량 공세에도 불구하고 프랑스 영화산업이 엄청난 호조를 보이기 시작한 것이다. 수치상으로만 따져봐도 그렇다. 예를 들어, 프랑스 극장들이 2001년에 판매한 영화티켓은 총 1억8300만장으로 전년대비 10%나 성장했으며, 이는 1984년이래 최고 수준이다. 더욱 중요한 것은 1980년대 중반 이후 27%까지 떨어졌던 프랑스영화 시장점유율이 2001년부터 다시 40%를 넘어선 사실이며, 2001년부터 2002년 여름까지 100만 명 이상의 관객을 모은 프랑스 영화가 26편이나 되었고 프랑스영화를 본 관객의 80% 이상이 만족감을 표시했다고 한다. 이 정도면, 누벨바그 이후 약 30여 년간이나 긴 침체에 빠져있던 프랑스 영화산업이 마침내 긴 불황에서 빠져나와 완전한 재기에 성공했다고 결론지을 수 있다.

그런데 이 눈부신 호황의 이면에는 몇 가지 불길한 조짐이 새겨져 있었다. 무엇보다 가장 심각한 문제는 흥행의 성공을 거둔 영화들이 대부분 프랑스 영화 평균제작비를 훨씬 넘어서는 대규모 오락영화라는 사실이었다. 이 때문에, 저예산 영화와 기타 소규모 영화들의 제작여건이나 배급조건은 시간이 지날수록 점점 악화되고 있다. 여기에, 프랑스 영화의 가장 중요한 투자자이자 프랑스 최대의 영상언론 기업인 비방디 유니버설Vivendi-Unversal사가 '프랑스의 문화적 예외주의의 종언 및 세계화'를 공공연하게 표명한 사실이다. 이것은 한 마디로, 프랑스의 중소 예산 작가 영화들에 대해 더 이상 무용한 지원을 할 수 없다는 폭탄선언과도 같은 발언이었다.

사실 따져보면, 21세기 초반 프랑스 영화의 부흥기를 이끌었던 대부분의 흥행작들은 기존의 프랑스 영화가 갖고 있던 이미지와는 상당한 거리가 있는 영화들이다. <타인의 취향 Le Goût Des Autres>(1999)과 <아멜리에 Le Fabuleux Destin D'Amélie Poulain>(2001) 정도를 제외하고는, 보이는 경치와 들리는 대사들만 프랑스 것이지 도대체 미국 영화인지 홍콩 영화인지 구분하기 힘든 국적 불명의 영화들이 다수다. 2000년과 2001년에 프랑스 전역에서 기록적인 흥행성적을 거둔 <늑대의 후예들 Le Pacte des loups>(2000)만 봐도, 엉성한 시나리오와 어설픈 스타일의 교배를 오로지 스케일만으로 압도하려 하는 단순한 발상이 눈살을 찌푸리게 만들었다. 홍콩 영화를 흉내낸 몇 차례의 어설픈 액션에서부터 헐리우드식 물량공세에 이르기까지, 각종 눈요기 거리로 영화를 채우려 한 의도가 역력하다. 또 다른 흥행작인, <비독 Vidocq>(2001)이나 <아스테릭스 : 미션 클레오파트라 Asterix Obelix : Mission Cleopatre>(2002) 도 프랑스의 역사적 사실이나 문화적 전통을 전면에 내세우면서도 그 표현양식은 실소를 금치 못할 만큼 유치하기 이를 데 없었다.

이처럼 뜻밖의 흥행 호조와 질적 하락이라는 이중적 양상을 보여주었던 프랑스 영화는 지금까지도 여전히 불투명한 혼돈의 상태에 머물고 있다. 오로지 흥행만을 좇아 대중의 기호에 지나칠 정도로 기민하게 부합하는 영화제작자들의 태도가 이러한 혼돈의 상황을 낳는 주요 원인이겠지만, 어쩌면 그보다도 영화에 대한 대중들의 급격한 인식의 변화가 더 심각한 문제일지도 모른다. 어느덧 프랑스 사회는 완전한 다민족, 다인종 사회로 변모해버렸고 대중문화의 주 수용자도 기존의 백인들 중심에서 다인종으로 구성된 이민 2,3세들 중심으로 바뀌어가고 있는데, 바로 이러한 상황이 프랑스 영화의 흐름에 결정적인 영향을 미치고 있는 것이다. 이 새로운 젊은 세대들은 엘리트적이고 지적인 기존의 프랑스 문화에 대해 그 어느 세대보다 강한 반감을 갖고 있고, 그 대안으로 미국의 저급한 하위 문화를 적극적으로 수용하고 또 추종한다.

## 새로운 거장들의 출현

하지만 이러한 어려운 상황 속에서도 프랑스 영화의 미래를 기대하게 만드는 고무적인 사실은, 현재 프랑스 영화계가 오로지 복합적인 블록버스터 영화들로만 도배되지는 않는다는 것이다. 최근 프랑스에는 기존의 프랑스 영화의 전통과 새로운 시대 정신을 겸비한 신진 작가들의 작업이 무시할 수 없는 힘으로 이어지고 있다. 1990년대를 관통해오면서 자신의 분명한 색깔을 발전시켜오고 있는 마티유 카소비츠나 자비에 보부아 외에도, 1990년대 후반에 등장해 소위 '좌파적 자유'의 영화를 추구하는 로랑 캉테Laurent Cantet, 알랭 기로디Alain Guirodie, 에릭 종카Eric Zonca 같은 이들의 작업이 바로 그 예이다. 또, 그 어떤 표현으로도 설명하기 힘든 독특하고 도발적인 스타일의 프랑수아 오종François Ozon, 브뤼노 뒤몽Bruno Dumont, 미셸 공드리Michel Gondry, 자크 오디아르Jacques Audiard, 압델라티프 케시시Abdellatif Kechiche 등과 프랑스 영화만의 지적인 전통을 이어가고 있는 올리비에 아사야스Olivier Assayas, 아르노 데플래생Arnaud Desplechin 등도 이미 세계적인 거장의 반열에 올라와 있는 감독들이라 할 수 있다. 이중 대표적인 감독들에 대해 간략히 소개하면 다음과 같다.

### 올리비에 아사야스 - 새로운 프랑스적 감성의 시네아스트

올리비에 아사야스는 1955년 파리에서 그리스 출신의 유대인 아버지와 헝가리 귀족 출신의 어머니 사이에서 출생했다. 아버지는 자크 레미Jacques Rémy란 필명으로 잘 알려진 소설가이자 시나리오작가였고, 예술에 조예가 깊었던 어머니는 에르메스 등에서 활동한 스타일리스트였다. 아사야스는 고등학교 졸업 후 파리의 국립미술학교에 입학해 미술을 공부하고, 다시 파리 3대학에서 현대 문학으로 학사, 석사를 취득한다. 영화계에 입문하기 전까지 데생 화가, 그래픽 디자이너로 활동하며, 〈카이에 뒤 시네마Cahiers du cinéma〉(1980-1985)와 〈록 앤 포크Rock & Folk〉(1982-1985) 등의 잡지에 영화평론과 문화평론들을 게재하는 등 문화평론가로도 활발히 활동한다.

1985년 영화계에 데뷔한 아사야스는 로랑 페렝, 앙드레 테시네 등의 영화에 공동 시나리오작가로 참여하고 몇 개의 단편 영화를 만든다. 1986년 록밴드 멤버들의 우발적 살인을 그린 장편 데뷔작 〈혼란Désordre〉을 발표하는데, 십대 커플의 일탈을 통해 당대 사회의 근본적인 문제들을 감각적으로 드러냈다는 호평을 받는다. 이후, 아사야스는 〈겨울의 아이L'Enfant de l'hiver〉(1988), 〈파리가 깨어나다Paris s'éveille〉(1991), 〈차가운 물L'Eau froide〉(1994) 등 일련의 '청춘 영화들films de jeunes'을 발표하면서 젊은 프랑스 영화의 선구자 역할을 담당한다. 젊은 세대가 느끼는 불안과 환멸, 절망 등을 섬세하면서도 냉정하게 그려내는 그의 영화 스타일은 누벨바그 적자 그룹이나 네오바로크 그룹과 분명한 차이를 나타냈고, 이 때문에 그는 새로운 프랑스 영화의 흐름을 이끌 감독 중 하나로 주목받는다.

하지만 비슷한 스타일의 영화들이 이어지면서 아사야스는 한동안 정체 상태에 빠진다. 이를 타파하고자 1990년대 중반부터 다양한 장르를 넘나들며 파격적인 시도들을 벌이는데, 결과적으로 이 모험의 시기는 그의 영화 세계를 더 넓혀주고 심화시켜주는데 크게 기여한다. 1996년 홍콩스타 장만옥을 캐스팅하고 100만 달러의 저예산으로 4주간 촬영한 실험적 영화 〈이마 베프Irma Vep〉는 예상 밖의 큰 성공을 거두며 아사야스의 이름을 세계에 알린다. 이 영화는 영화사 초기의 위대한 시네아스트 루이 푀야드Louis Feuillade의 〈흡혈귀 Les Vampires〉(1915-16) 시리즈에 오마주를 표하는 동시에 누벨바그 영화들과 홍콩 액션영화들을 회고하는 것으로, '영화에 관한 영화' 중 명작으로 남게 된다. 또 1998년에는 〈8월말, 9월초Fin août, début septembre〉을 통해 자신의 장기인 섬세한 감정 묘사를 다시 시도하는데, 현란하면서도 정교한 카메라 움직임을 통해 인물들의 미묘한 감정 변화를 한층 더 세밀하게 표현해냈다는 평가를 받는다. 2000년에는 오랫동안 준비해온 대형 시대극 〈감정의 운명Les Destinées sentimentale〉을 발표한다. 이 영화는 복잡한 제작과정과 방대한 분량으로 인해 몇몇 허점을 보이기도 했지만, 자유로운 의미 해석이 가능한 다층적 구조와 절제된 감정 묘사로 깊은 인상을 남긴다.

편력과 실험의 시기가 지난 후, 아사야스는 비로소 원숙한 시네아스트의 면모를 드러내기 시작한다. 여전히 작품에 따라 다소 편차를 보였지만, 2000년대 중반 이후로는 완성도 높은 수작들을 연이어 발표하면서 프랑스를 대표하는 시네아스트로 자리잡는다. 〈클린Clean〉(2004)은 시간의 흐름에 따라 변화하고 성숙해가는 한 개인의 내면 세계를 매우 섬세하게 표현해냈고, 주연을 맡은 장만옥에게 칸영화제 여우주연상을 안긴다. 〈여름의 조각들L'Heure d'été〉(2008)은 물질과 자본의 시대에서 예술이 갖는 의미를 절제된 감정묘사와 정교한 형식 속에 풀어내, 프랑스 안팎의 시네필들로부터 대단한 찬사를 얻는다. 또, 연극적 삶과 실제 삶의 미묘한 교차를 통해 '늙음'에 대해 성찰한 영화 〈클라우즈 오브 실스마리아〉(2014)는 아름다운 영상과 뛰어난 연기, 정교한 연출의 완벽한 조화를 이루어내면서 마침내 아사야스를 위대한 시네아스트 반열에 올려놓는다.

## 자크 오디아르 - 정교한 형식과 강렬한 영상의 범죄영화 장인(匠人)

자크 오디아르는 1952년 파리에서 출생했다. 처음엔 문학 교사가 되길 희망했으나, 유명 시나리오 작가인 아버지 미셸 오디아르의 영향으로 학업을 중단하고 영화계에 뛰어든다. 아버지 후광에 대한 시선을 의식한 듯, 그는 영화 현장에서 착실하게 기초부터 배워간다. 로만 폴란스키를 비롯한 여러 감독의 조연출을 거치고, 한동안 편집기사로도 활동한다. 또 1980년대 초부터 시나리오를 쓰기 시작해 실력을 인정받고, 영화 〈데들리 런Mortelle Randonnée〉(1983, 클로드 밀러)의 시나리오를 아버지와 공동집필하기도 한다.

1994년 마흔두 살이라는 꽤 늦은 나이에, 오디아르는 첫 번째 장편영화 〈그들이 어떻게 추락하는지 보라Regarde les hommes tomber〉로 세자르 영화제 신인작품상을 수상하며 화려하게 데뷔한다. 두 배우- 마티외 카소비츠Mathieu Kassovitz와 장 루이 트랭티냥Jean-Louis Trintignant -의 매력적인 조합이 돋보이는 이 영화는 사회 하층부와 범죄 세계의 불가역적인 상관성을 유머와 아이러니 가득한 이야기로 들려주면서 관객과 평단을 사로잡는다. 이년 뒤, 오디아르는 다시 두 배우를 기용해 어느 레지스탕스 장교의 거짓된 삶을 다룬 영화 〈위선적 영웅Un héros très discret〉(1996)을 발표하는데, 한 남자의 이중적 본성을 섬세하게 표현한 카소비츠의 연기와 짜임새 있는 시나리오(세자르 영화제 각본상 수상) 등으로 높은 평가를 받는다. 그 후 약 오년 동안 오디아르는 다른 감독의 시나리오 작업에 참여하는 등 휴지기를 보내다가, 스릴러와 로맨스를 적절히 섞은 세 번째 영화 〈내 마음을 읽어봐Sur mes lèvres〉(2001)로 돌아와 역시 평단과 대중의 고른 지지를 얻어낸다.

제임스 토백의 영화 〈핑거스Fingers〉(1978)를 창조적으로 개작한 네 번째 영화 〈내 심장이 건너뛴 박동De battre mon cœur s'est arrêté〉(2005)은 전작들에 비해 비평과 흥행 모두에서 더 큰 성공을 거두며 오디아르의 위상을 한 단계 더 격상시킨다. 범죄 세계와 예술 세계 사이에서 갈등하는 한 젊은 남자의 이야기를 다룬 이 영화는 탄탄한 이야기 구조 뿐 아니라, 파리의 밤거리를 배경으로 하는 독특하고 감각적인 영상으로도 큰 주목을 받는다. 그해 세자르 영화제에서 작품상, 감독상, 남우주연상 등 여덟 개 부문을 수상하고, 베를린 영화제에서도 은곰상을 수상하며 작품성을 인정받는다. 그리고 2009년 오디아르는 문제작 〈예언자Un prophète〉를 발표한다. 이 영화는 프랑스 뿐 아니라 전 세계 비평가들과 영화팬들의 절대적인 찬사를 이끌어냈고, 그에게 칸 영화제 심사위원대상과 영국아카데미 최우수외국어영화상 등 수많은 상을 안긴다. 북아프리카 이민자 출신의 한 보잘것없는 청년이 감옥생활을 통해 갱단의 두목으로 성장하는 이야기를 박진감 있게 다루면서, 인종 갈등과 이민자 문제라는 동시대의 첨예한 사회문제도 그 안에 절묘하게 담아냈다.

2012년 오디아르는 범죄 이야기에서 벗어나 사회 주변부로 밀려난 두 남녀의 애틋한 사랑을 다룬 영화 〈러스트 앤 본〉을 발표하는데, 이 영화 역시 〈에언자〉 못지않은 열렬한 찬사와 높은 호응을 이끌어낸다. 특히 두 다리를 절단한 여주인공 역을 탁월하게 소화해낸 마리옹 코티야르Marion Cotillard의 열연으로 칸 영화제 대상과 여우주연상 등이 점쳐졌지만, 그해 출품된 미카엘 하네케 감독의 〈아무르〉에 밀려 무관에 그치는 불운을 겪기도 한다. 아이러니하게도 오디아르는 그의 작품 중 가장 범작으로 간주되는 일곱 번째 영화 〈디판Dheepan〉으로 2015년 마침내 칸 영화제 대상을 수상하는데, 다소간의 논란에도 불구하고 지난 이십여 년 동안 그의 영화들이 구축한 특별한 영화세계를 기리는 상으로 인정받는다.

## 브뤼노 뒤몽 - 프랑스 비주류 영화의 새로운 리더

브뤼노 뒤몽은 1958년 프랑스 북부의 작은 도시 바이유에서 출생했다. '북부 출생'이라는 단순한 이력은 평생 동안 그의 영화 활동을 지배하는 중요한 요소가 된다. 어린 시절부터 영화감독을 꿈꾸던 그는 1977년 파리에 있는 프랑스 국립영화학교IDHEC에 지원하지만 낙방한다. 이후, 진로를 바꿔 릴 대학 철학과에 입학해 학사와 석사를 취득하고 고등학교에서 철학을 강의하며 생계를 유지한다. 하지만 영화에 대한 미련을 버리지 못하고 1986년 다시 영화계로 돌아와, 독립적인 제작방식으로 단편 영화, 다큐멘터리 영화, 광고 영화 등 약 40여 편의 작품을 연출한다.

1996년 뒤몽은 38세라는 다소 늦은 나이에 자신의 고향 바이유를 배경으로 첫 번째 장편영화 〈예수의 삶La Vie de Jésus〉을 만든다. 이 영화는 발표되자마자 프랑스 영화계에 적지 않은 파장을 일으키는데, 어설프지만 독특한 연출방식과 현학적이지만 진지한 시선이 열띤 찬반 논란을 낳는다. 또 권태와 소외감 속에서 차별과 폭력에 길들여진 채 아무런 목적 없이 살아가는 프랑스 지방 젊은이들의 모습은 일부 관객들의 심기를 불편하게 흔들어놓는다. 그럼에도, 뒤몽은 이 영화로 그해 뛰어난 프랑스 신인 영화감독에게 수여되는 장 비고 상Prix de Jean Vigo을 수상하며 칸영화제에서 황금카메라상도 거머쥔다.

뒤몽은 바이유가 배경인 두 번째 영화 〈휴머니티L'humanité〉(1999)를 발표하며 좀더 깊어진 성찰과 좀더 완성된 연출력을 선보인다. 다소 어리숙한 시골 경찰 파라옹이 겪는 기이한 경험들을 중심으로 고요한 시골 마을에 내재된 극단적인 폭력성과 개인주의, 속물근성 등을 예리하게 파헤친 이 영화는 비관습적인 영화 스타일과 인간혐오적인 관점으로 또 한번 거센 찬반 논란을 낳는다. 이 영화는 이후 뒤몽이 고집스럽게 밀고나갈 영화적 특징들을 거의 다 보여준다고 할 수 있는데, 비직업배우 위주의 캐스팅, 절제된 대사와 음악, 정교한 사운드 묘사, 간결한 카메라 움직임, 탈-드라마적인 서사구조 등이 그것이다. 뒤몽은 이 영화로 단 두 영화 만에 칸영화제 심사위원대상을 수상한다. 또, 이전까지 연기 경험이 전혀 없던 두 남녀 주연배우가 동시에 칸영화제 남녀주연상을 받아 커다란 화제가 되기도 한다.

한편, 두 젊은 남녀의 절망에 찬 미국 횡단여행을 다룬 세 번째 영화 〈29 팜스Twentynine Palms〉(2003)는 다소 미흡한 영화적 완성도 탓에 별다른 반응을 이끌어내지 못한다. 하지만 네 번째 영화 〈플랑드르〉(2006)로 뒤몽은 다시 한 번 칸영화제에서 심사위원대상을 수상하며, 찬반의 입장을 떠나 프랑스를 대표하는 시네아스트로 급부상한다. 이 영화에서 뒤몽은 다시 프랑스 북부로 돌아오는데, 고요하고 적막한 플랑드르의 시골 풍경과 삭막하고 살벌한 사막의 풍경을 병치시키면서 인간에 내재된 폭력적 본성에 대해 날카로운 질문을 던진다. 또 인간의 근본적인 폭력성에 앞에 절망하면서 종교적 구원에 대한 갈망을 암시적으로 표현하기도 한다.

〈플랑드르〉 이후 뒤몽은 발표하는 영화마다 높은 평가를 받으며 2000년대 프랑스 영화를 대표하는 시네아스트로 자리잡는다. 물론 기이한 연출 스타일과 다소 현학적인 태도, 지나치게 염세적인 인간관 등은 항상 비판과 반론을 몰고 다녔지만, 그의 영화들은 대체로 평단과 시네필들의 높은 지지를 받으며 비상한 주목의 대상이 된다. 〈하데비치Hadewijch〉(2009)와 〈아웃사이드 사탄Hors Satan〉(2011)은 인간과 종교에 대한 그의 심오한 사유를 밀도감 있게 표현해냈고, 조각가 카미유 클로델의 불행한 삶을 다룬 영화 〈까미유 끌로델Camille Claudel 1915〉도 줄리엣 비노슈의 탁월한 연기와 어우러지면서 높은 호응을 얻어냈다. 또 프랑스 북부 시골 마을을 배경으로 미스터리한 연쇄살인사건을 다룬 〈릴 퀸퀸P'tit Quinquin, Li'l Quinquin〉(2014)은 길게 늘어지는 영화적 리듬에도 불구하고 시니컬한 유머와 영화적 긴장, 예리한 성찰을 적절히 섞어내 영화잡지 〈카이에 뒤 시네마〉가 뽑은 '그해 최고의 영화'로 선정되기도 한다.

## 프랑수아 오종 - 도발과 일탈의 젊은 감독에서 관조와 사색의 시네아스트로

프랑수아 오종은 1967년 파리에서 교사 부부의 아들로 출생했다. 파리 제1대학에서 영화학으로 석사까지 공부한 후, 국립영화학교 페미스FEMIS에 입학해 영화 연출을 배웠다. 페미스 재학시절 만든 단편영화들이 세계 여러 단편영화제에 초청되면서 일찍부터 주목받기 시작했다. 특히, 십대 남성의 이중적인 성정체성을 다룬 단편영화 〈썸머 드레스Une robe d'été〉(1996)와 충격적인 이야기 사이사이에 엽기적인 장면들을 끼어 넣은 중편영화 〈바다를 보라Regarde la mer〉(1997)가 크고 작은 논란을 낳으면서 오종의 이름을 널리 알리게 된다.

파솔리니의 영화 〈테오레마〉(1968)를 독창적으로 재해석한 첫 번째 장편영화 〈시트콤Sitcom〉(1998)은 근친상간, 부친살해, 성도착증 등 파격적인 주제와 재기 넘치는 형식으로 세간의 이슈가 된다. 반-가부장적이고 반-부르주아적인 가치관 뿐 아니라, 비관습적이고 비정상적인 것에 대한 선호를 전면에 드러내는 이 영화는 프랑스 영화사에서 한 번도 본 적이 없는 낯선 감독의 출현을 알린다. 또 파스빈더의 미발표 희곡을 영화화한 〈워터 드롭스 온 버닝 락Gouttes d'eau sur pierres brûlantes〉(1999)은 동성애, 양성애, 소아성애 등 주류 영화에서 금기시되던 주제들을 거침없이 다루면서 동시에 모든 인간관계에 필연적으로 수반되는 권력의 문제를 냉정하게 묘사해 호평을 받는다. 〈사랑의 추억Sous le sable〉(2000)은 기존의 도발적인 스타일에서 벗어나 한 중년 여인의 내적 파멸을 차분한 시선으로 묘사한 작품으로, 오종에 비판적이었던 영화인들조차 열렬한 지지를 보내게 만든다.

이후 약 오 년 동안 오종은 일종의 영화적 전성기를 보내는데, 발표하는 영화들마다 비평적 찬사와 높은 흥행성적을 거두면서 프랑스를 대표하는 시네아스트 반열에 올라선다. 베를린 영화제 수상작인 〈8명의 여인들8 femmes〉(2001)은 다니엘 다리외, 카트린 드뇌브, 이자벨 위페르, 엠마뉴엘 베아르 등 여러 세대에 걸친 프랑스 유명 여배우들을 한자리에 모이게 만든 것만으로도 하나의 사건이 되며, 1950년대 할리우드 뮤지컬 스타일에 범죄영화의 구성을 접목한 독특한 형식으로 비평과 흥행 모두에서 커다란 성공을 거둔다. 또 자크 드레의 영화 〈수영장La Piscine〉(1969)으로부터 영감을 받아 만든 〈스위밍 풀Swimming Pool〉(2003)은 '훔쳐보기' 욕망에 대한 뛰어난 심리묘사와 기발한 '픽션 안의 픽션' 형식으로 찬사를 받았고, 갑작스럽게 죽음을 맞이한 젊은 사진작가의 짧은 여생을 그린 〈타임 투 리브Le Temps Qui Reste〉(2005)도 죽음에 대한 담담하면서도 관조적인 시선으로 높은 평가를 받았다.

그 후로도 오종은 여러 장르를 오가면서 꾸준히 영화를 만드는데, 이전에 비해서는 다소 침체된 모습을 보인다. 젊은 시절의 자신만만한 도발은 점점 힘을 잃어가고, 자타공인의 시네필답게 미국과 프랑스의 고전영화들에 대한 애정을 영화적으로 표현하는데 만족해한다. 하지만 2012년 오종은 〈인 더 하우스Dans la maison〉로 화려하게 부활한다. 도발적 표현은 여전히 자제했지만, 한층 더 예리해진 시선과 짜임새 있는 구성으로 인간 내면에 숨어 있는 욕망의 민낯을 탁월하게 그려냈기 때문이다. 연이어 발표한 〈영 앤 뷰티풀Jeune et Jolie〉(2013)과 〈나의 사적인 여자친구Une nouvelle amie〉(2014) 역시 평범한 듯 평범하지 않은 그만의 스타일을 매력적으로 구현하면서, 이제는 완숙한 수준에 오른 시네아스트의 면모를 보여준다.

## 로랑 캉테 - 뜨거운 심장과 냉정한 시선의 시네아스트

로랑 캉테는 1961년 프랑스 중서부 지역의 작은 도시 멜Melle에서 교사의 아들로 태어났다. 프랑스 남부 마르세이유 대학에서 영상학으로 석사를 마치고, 1984년 파리로 올라가 국립영화학교(IDHEC)에 입학한다. 국립영화학교 졸업 후 곧바로 영화 제작 현장에 뛰어들지만, 연출보다는 촬영, 편집 등을 맡으면서 다양한 경험을 쌓는다. 1990년대에 들어 연출을 시작하며, 주로 단편 영화와 다큐멘터리 영화에 주력하면서 비상업적인 영화 제작에 전념한다.

1999년 캉테는 서른여덟 살이라는 다소 늦은 나이에 첫 번째 장편영화 〈인력자원부〉를 발표한다. 이 영화는 본래 프랑스 TV채널 아르테ARTE의 지원을 받아 만든 TV용 영화(téléfilm)였지만, 예상 밖의 큰 호응을 얻으면서 극장개봉용 영화로 전환된다. 당시 프랑스 사회는 '주35시간 노동법' 시행으로 첨예한 논란을 겪고 있었는데, 〈인력자원부〉는 이상주의적 노동 행정의 이면을 드러내는 동시에 프랑스 사회에 만연한 노사 갈등, 세대 간 갈등, 지방-파리 갈등 등을 날카롭게 묘사해 호평을 이끌어낸다. 또 정신적으로 와해된 노동 계층의 현실을 탁월하게 그려내면서도 극적 긴장과 흥미를 잃지 않아, 평단과 관객 모두로부터 커다란 지지를 받는다.

이듬해, 캉테는 한 중간 관리자의 실직과 일탈을 다룬 영화 〈타임아웃L'Empoi du temps〉(2000)을 발표한다. 노동 문제보다는 개인의 실존과 정체성 문제에 더 천착한 이 영화는 가족과 직장으로부터의 도피를 꿈꾸면서도 결국은 사회적 질서에 순응하는 한 부르주아 중년 남성의 이중적 심리를 냉정한 시선으로 묘사해냈다. 특히 자신의 삶의 테두리에서 떨어져 나와 주차장, 고속도로, 휴게소 등 삭막한 공간들을 배회하는 주인공의 고독과 소외감을 차갑고 푸른 톤의 영상으로 형상화해 높은 평가를 받았다. 베니스 영화제에서 '오늘의 사자상'을 수상했고, 〈빌리지 보이스〉 〈필름 코멘트〉 〈타임〉 등 각종 영화 저널에서 뽑은 그해의 '세계 영화 베스트 10'에 선정된다. 세 번째 장편영화 〈남쪽을 향해Vers le sud〉(2005)는 카리브해의 가난한 나라 아이티를 배경으로 백인 중년 여성들의 성적 일탈을 다루었다. 바캉스를 이용해 아이티를 찾은 서양 여성들이 건강하고 때묻지 않은 아이티 청년들을 돈으로 유혹해 육체적 쾌락을 즐기는 이야기가 주된 내용이다. 다소 파격적인 이 이야기를 바탕으로, 캉테는 독재와 부패가 만연한 아이티의 비극적 현실과 아슬아슬한 일탈을 즐기면서도 지극히 서구우월적이고 제국주의적인 태도를 버리지 않는 백인들의 이중적 태도를 예리하게 묘사했다.

2008년 캉테는 불과 네 번째 장편영화인 〈클래스Entre les murs〉로 칸 영화제 그랑프리를 수상하며 또 다시 커다란 주목을 받는다. 전직 교사이자 원작 소설의 저자인 프랑수아 베고도가 직접 주인공 교사 역할을 맡았고, 실제 교사와 학생들이 영화 속 교사와 학생 역할을 맡아 화제가 되었다. 영화는 파리의 한 중학교 교실을 배경으로 인종 갈등, 계층 갈등, 세대 갈등 등 각종 갈등이 뒤엉켜 있는 프랑스의 현실을 차분한 시선으로 보여주었다. 또 다큐멘터리와 픽션의 경계를 무너뜨리는 정교한 형식으로 이야기의 현실성을 높였다. 특히 대안이나 해법을 제시하기보다는 다양한 각도에서 질문을 던지는 태도를 끝까지 고수함으로써, 관객에게 프랑스 사회의 제반 문제들에 대해 숙고할 수 있는 기회를 마련해주었다.

캉테는 한때 카소비츠의 '열정적인 사회의식'과 보부아의 '냉정한 시선'을 동시에 갖춘 인물로 평가되곤 했다. 또 강렬한 드라마를 내포한 전통적 서사구조와 차가운 현실 묘사를 적절히 교합할 줄 아는 특별한 재능의 감독으로 평가되기도 했다. 하지만 시네아스트로서의 캉테의 가장 큰 특징은 무엇보다 사회와 개인을 바라보는 그의 놀랍도록 차분하고 섬세한 시선에 있다. 끝까지 일정한 거리를 유지하면서 현대 사회에서 개인이 갖는 의미와 가치를 집요하게 탐구하는 그의 영화들은 동시대 여느 감독들의 영화에서 찾아보기 힘든 값진 성과를 이루어내고 있다.

## 압델라티프 케시시 - 공존과 상생의 도시를 꿈꾸는 이야기꾼

압델라티프 케시시는 1960년 튀니지의 수도 튀니스에서 태어났다. 여섯 살에 부모를 따라 프랑스 남부로 건너온 후 니스의 빈민가에서 이민2세로 자란다. 앙티브의 예술학교에서 연극 수업을 들으며 몇몇 연극에 배우로 출연하고, 1981년에는 〈건축가L'Architecte〉라는 작품을 연출해 아비뇽 연극제에 출품한다. 영화에도 틈틈이 출연하면서 배우로서의 경력을 쌓던 중, 누리 부지드Nouri Bouzid의 영화 〈비지니스Bezness〉의 주인공 역으로 1992년 나무르 국제프랑코폰영화제에서 남우주연상을 수상하기도 한다. 같은 해 배우 갈리아 라크루아Ghalya Lacroix를 만나 연인이 되는데, 이후 그녀는 케시시의 모든 영화에 시나리오작가이자 편집기사로 참여한다.

배우에서 연출가로 전향을 결심한 케시시는 라크루아와 공동 집필한 시나리오들을 들고 오랫동안 제작자를 찾아 헤맨다. 2000년 제작자 장프랑수아 르프티를 만나 마침내 첫 번째 장편영화 〈볼테르의 탓이다La Faute à Voltaire〉(2000)를 발표하는데, 튀니지계 불법이민 청년의 눈물겨운 파리 정착기를 담은 영화는 주변부 삶에 대한 사실적인 묘사와 유머와 감동을 적절히 섞은 서사로 많은 이들의 호평을 받는다. 그해 베니스영화제에서 최우수 데뷔작에 수여하는 '데 라우렌티스'상을 수상한다. 삼년 뒤, 케시시는 초저예산으로 제작한 두 번째 장편영화 〈게임스 오브 러브 앤 찬스L'Esquive〉(2003)로 더욱 확고한 명성을 얻는다. 18세기 프랑스 극작가 마리보Marivaux의 작품 〈사랑과 우연의 유희Le Jeu de l'amour et du hasard〉로부터 영감을 얻은 줄거리에 프랑스 현실을 가미해 자유롭게 재구성한 이 영화는 시나리오작가이자 감독으로서의 그의 능력을 한껏 드러내 보인다. 파리 근교의 이민2세 청소년들이 마리보의 〈사랑과 우연의 유희〉 공연을 준비하면서 겪는 에피소드가 주된 내용인데, 이 평범하기 그지없는 이야기에서 케시시는 청소년들의 사랑과 우정에 대한 섬세한 묘사 뿐 아니라 이민 2세들의 모호한 정체성에 대한 예리한 탐구까지 탁월하게 수행해낸다. 어린 무명 배우들을 기용해 만든 이 작은 영화는 프랑스 세자르영화제에서 유력한 후보작들을 제치고 작품상, 감독상, 시나리오상 등 주요 상을 휩쓸며, 그해 최고의 프랑스 영화 중 하나로 격찬 받는다.

2007년 케시시는 마그레브 출신의 늙은 이주노동자와 그의 가족 이야기를 다룬 영화 〈생선 쿠스쿠스La Graine et le Mulet〉를 발표한다. 북아프리카인들의 상징적 음식과도 같은 '쿠스쿠스'를 소재로 이민자들의 고달픈 일상과 권위적이고 관료주의적인 프랑스 사회를 세밀하게 묘사한 이 영화는 케시시를 명실상부한 프랑스 대표 시네아스트의 반열에 올려놓는다. 베니스영화제 심사위원특별상을 비롯해 루이델뤽상, 세자르 작품상 등 다수의 상을 수상했고 비평과 흥행 모두에서 크게 성공을 거둔다. 〈카이에 뒤 시네마〉의 평론가들은 이 영화를 2000년대 세계 최고 영화 중 6위로 선정하기도 한다. 네 번째 장편영화 〈검은 비너스Vénus noire〉(2010)는 다소 평이한 서사구조와 표현양식으로 세간의 기대를 충족시키지 못했지만, 실화를 바탕으로 하는 충격적인 스토리와 자연주의에 가까운 냉정하고 사실적인 묘사로 두고두고 화제를 낳는다.

2013년 케시시는 두 젊은 여인의 열정적인 사랑과 이별을 다룬 다섯 번째 장편영화 〈가장 따뜻한 색 블루La Vie d'Adèle: Chapitres 1 et 2〉로 그해 가장 뜨거운 관심과 논란의 대상이 된다. 쥘리 마로Julie Maroh의 그래픽 노블 〈파란색은 따뜻하다Le bleu est une couleur chaude〉(2010)를 원작으로 하는 이 영화는 칸영화제에서 심사위원장인 스티븐 스필버그의 전폭적인 지지를 받으며 만장일치로 황금종려상을 수상한다. 그러나 파격적인 정사씬들과 관음증적 시선 등으로 각종 시비에 시달리며, 연이어 쏟아지는 원작자, 제작자, 배우들의 불만으로 심각한 내홍을 겪는다. 케시시는 결국 제작사 MK2에 십팔만 유로의 배상금을

지불하는 판결까지 받는데, 이 모든 잡음에도 불구하고 영화는 프랑스 안팎에서 커다란 성공을 거둔다. 창작과정에서의 충돌과 불화가 영화의 진정성을 훼손하지 못한다는 듯, 세계 영화계는 이 작품에 굵직한 상들(영국아카데미 최우수외국어영화상, 골든글로브 최우수외국어영화상 등)을 안기며 그 가치를 높여준다.

## 미셸 공드리 - 꿈과 기억을 빚는 영화 연금술사

미셸 공드리는 1963년 파리 근교의 베르사이유에서 태어났다. 그의 할아버지는 최초의 신시사이저 중 하나인 '클라비올린Clavioline'의 발명가였고, 아버지는 전자기술자이자 재즈 애호가였으며 아마추어 피아니스트였다. 어머니 역시 한때 피아니스트로 활동했고, 형 프랑수아 공드리는 유명 펑크록 그룹 '루드비히 폰88 Ludwig von 88'의 베이스연주자였다. 이처럼 풍요로운 예술적 환경에서 자란 공드리는 어린 시절부터 화가 또는 발명가가 되는 것을 꿈꾼다. 그리고 데생가의 꿈을 안고 파리의 한 실용예술학교에 입학한다. 거기서 그는 몇몇 친구들과 팝그룹 '위위Oui Oui'를 결성하고 드럼 파트를 맡는데, 직접 제작한 그룹의 뮤직비디오들이 예상보다 좋은 반응을 얻으면서 에티엔 다오, 장프랑수아 코앵 등 다른 유명 가수들의 뮤직비디오 제작을 맡게 된다. 특히, 그의 작품 〈도시La Ville〉(1992)에 매혹된 아이슬란드 가수 비요크Björk와 함께 새로운 영상 작업을 시도하면서 독창적 감각의 뮤직비디오 감독으로 급성장한다.

이후, 공드리는 롤링스톤스, IAM, 카일리 미노그 등 세계적인 뮤지션들의 뮤직비디오를 연출하면서 국제적 명성의 뮤직비디오 감독으로 활동한다. 또 리바이스의 〈드럭 스토어〉, 스미노프의 〈스마리언버그〉, 다이어트 코크의 〈바운스〉 캠페인 등 히트작들을 연이어 발표하면서 광고계를 대표하는 광고영상감독으로도 이름을 떨친다. 몇몇 단편 영화 연출을 통해 영화계에도 발을 들여놓는데, 2001년 시나리오 작가 찰리 카우프만Charlie Kaufman의 각본을 바탕으로 마침내 첫 번째 장편영화 〈휴먼 네이처Human nature〉를 발표한다. 이 영화는 문명과 야생의 의미에 대한 성찰을 기발한 유머와 독창적인 이야기로 풀어낸 작품으로, 비록 흥행에는 실패했지만 독특한 상상력과 깔끔한 연출로 호평을 받는다. 자신의 연출력에 스스로 아쉬움을 표명했던 공드리는 2004년 다시 카우프만과 손잡고 두 번째 장편영화 〈이터널 선샤인Eternal Sunshine of the Spotless Mind〉을 발표한다. 이 영화는 비평과 흥행 모두에서 크게 성공을 거두며 그에게 세계적인 명성을 가져다준다. 당시까지 코미디 전문 배우로만 인식되던 짐 캐리와 연기력에 비해 다소 과소평가되던 케이트 윈슬렛은 이 영화를 통해 연기파 배우로 거듭나고, 작가 카우프만은 아카데미영화제를 비롯한 세계 유수의 영화제에서 각본상을 수상한다. 또, 감각적이면서도 실험성과 독창성이 넘치는 공드리의 연출은 세계 영화팬들의 열렬한 지지를 얻어낸다.

〈이터널 선샤인〉이 예상을 뛰어넘는 대성공을 거두자, 다소 부담을 느낀 공드리는 시나리오작가 카우프만과 결별하고 미국과 프랑스를 오가며 자신만의 고유한 영화 세계를 만들어간다. 2006년 프랑스에서 자신이 직접 시나리오를 쓰고 프랑스 배우들 위주로 캐스팅한 영화 〈수면의 과학La Science des rêves〉을 발표하는데, 현실과 꿈을 제대로 구분하지 못하는 주인공의 파리 적응기와 가슴 아픈 사랑 이야기를 담은 이 영화는 더욱 대담해진 상상력과 독특한 영화적 표현으로 많은 사랑을 받는다. 2007년 미국에서 만든 〈비카인드 리와인드Be kind Rewind〉 역시 기상천외한 상상력과 기발한 아이디어에 바탕을 둔 작품으로,

영화와 음악에 대한 그의 무한한 애정을 따뜻함 감수성과 독특한 유머로 표현해내 호평을 받는다. 2008년 공드리는 봉준호, 레오스 카락스와 함께 옴니버스 영화 〈도쿄 Tokyo!〉의 제작에 참여하며, 그가 만든 단편 〈Interior Design〉은 평범한 한 여자가 의자로 변신하는 초현실적인 이야기를 감각적이면서도 절제된 영상으로 담아내 높은 평가를 얻는다.

그후, 공드리는 대규모 자본이 투입된 상업 영화와 중저예산 규모의 개인 영화 사이를 오가며 다소 지그재그의 행보를 이어오고 있다. 미국 자본을 기반으로 블록버스터 영화 〈그린 호넷The Green Hornet〉(2011)을 연출하기도 하고, 프랑스 스태프 및 배우들과 함께 보리스 비앙의 소설을 각색한 영화 〈무드 인디고 L'Écume des jours〉(2013)나 자신의 유년기를 회고하는 영화 〈마이크롭 앤 가솔린Microbe et Gasoil〉(2015)을 만들기도 한다. 대형 상업 영화들은 대부분 별다른 호응을 얻지 못했지만, 〈무드 인디고〉나 〈마이크롭 앤 가솔린〉 같은 영화들은 공드리만의 상상력과 감수성을 자유롭게 펼쳐 보이면서 그의 영화 세계를 더욱 다채롭고 풍요롭게 만들어주고 있다.

Les auteurs :

Marcela DVOŘÁKOVÁ -MEIDINGER :
Enseignante FLE à l'Université de Konkuk
marcela.meidinger@gmail.com

Rodolphe MEIDINGER :
Enseignant FLE à l'Université Nationale de Chungbuk
rodolphe.meidinger@gmail.com

Bong-Mann KO :
Professeur à l'Université Nationale de Chungbuk
hermes6311@chungbuk.ac.kr

Ho-Young KIM :
Professeur à l'Université de Hanyang

Imprimé en Corée du Sud par SHINASA,
4, Tongil-ro 59-gil, Eunpyeong-gu, Seoul, Korea
Inscription publiée : 9-52/05 janvier 1956
Tél : 82-(0)2-382-6411
Fax : 82-(0)2-382-6401
E-mail : shinasa@daum.net
Homepage : www.shinasa.co.kr
Premier tirage : février 2018

Prix : ₩ 15000

ISBN : 978-89-8396-277-5 (03300)

본 도서는 2017년도 충북대학교 대학인문역량강화(CORE)사업의 지원을 받아 출판되었음